JN273354

「トラペジウム」

～小学校に子どもを送る保護者の方々へ～

はじめに

　アメリカにロッド・サーリング（Rod Serling 1924-1975）という脚本家がいました。すでに他界していますが、この名前を聞いて「ああ、あの人ね」と連想する人がいたらその方は相当の通だと思います。おそらく少なくとも僕と同世代の人と言って間違いないかもしれません。彼は若い頃、アメリカのある連続テレビドラマを手掛けていました。そして、このドラマのプロローグに必ず登場し、これから始まろうとするその物語の簡単な解説をし始めます。

　例えば、「この男は相当な自信家です。今、ご覧いただいた場面を見てもそのことが手にとるようにわかるはずです。・・・しかし、この自信に満ちた彼の態度こそがこれから彼を想像を絶する世界へといざなうことになるのです。ミステリーゾーンの世界へと・・・」。お解りでしょうか。この番組、「ミステリーゾーン」というテレビドラマです。じつはこれは邦題で、アメリカでは「トワイライトゾーン（THE TWILIGHT ZONE）」が原題です。30分番組の毎回完結の短いテレビドラマでしたが、当時、小学生の高学年の頃だったでしょうか、僕は毎週、この番組を胸をわくわくさせながら心待ちにしていた記憶があります。その何ともいえない不思議な世界、単なるＳＦの世界の出来事にとどまらず、想像もつかない世界を創造します。そして、ア、っとおどろくような結末が見る者を待っています。常識では考えられない結末。超次元の体験。これがたまらない魅力でした。

　このシリーズの中で僕が今でも強烈に印象に残っている物語は「人類に供す」という宇宙人が出てくる話です。登場する宇宙人は人類の救世主です（！）。物語の内容を説明し始めると長くなりますのでここでははばかりますが、一言で言えば「ガンの治療法？特効薬？磁場の原理を応用すると核を持つことが無意味になる？特殊な肥料でさばくが緑に？とんでもない。みなさん、気をつけなさい、物事、そんな都合よくはいきませんよ。そんなにうまい話はありませんよ」という内容です。

ところで、こんな話をしていて話題を本題に転じるのはいささか無理があるような気もしますが、じつはこの「物事、そう簡単にはいきませんよ」という状況は我々の身のまわりのいろいろな場面において起こり得ます。仕事しかり、友達関係しかり、恋愛しかり。「こんなはずじゃなかった」や「どうしたらいいんだろう」はたまた「うまくいくと思ったのに」。ね、ご経験がありますでしょう。で、じつは子育てもそのひとつの好例と言えるかもしれません。わが子を巡って様々な出来事・現象が保護者やそれを取り巻く人達の間から表出します。現時点でもわが子に対して思い悩んでいらっしゃる保護者の方々がたくさんいらっしゃるかと思います。でも、結局、わが子の行く末を考えてあげられる最大の責任者は保護者自身に他なりません。そのためには何らかのサジェッションやヒントが必要になります。僕が小学校に勤務していた頃に書いていた学級通信をこのように本にまとめてみようと思い立った理由はそこら辺にあります。「学校での出来事」、「子どもたちの様子」、「今、世間で話題や問題になっていること」、「ちょっとみんなで考えてみませんか」、「僕自身のひとり言」あるいは「ま、どうでもいい話」等々を面々と綴っていますが、そのいずれかが子育て、あるいは保護者の方々自身の生き方への何らかのヒントになればと思った次第です。もちろん、子育てに関係ない方、子育てを卒業された方に読んでいただいても一向に差し支えありません。むしろこの学級通信は対象者を限定しない方がよいかもしれません。お時間がありましたらどうぞみなさんでお読みになってください。そして何か自分と共鳴する内容があったとしたなら僕としては嬉しい限りです。わが意を得たりです。

　でも、ことさら大上段に構えるつもりは毛頭ありません。これから読んでいただく学級通信「トラペジウム」は「なが〜く小学校に身をおいたある先生の単なるひとり言」と思っていただいてかまいません。「そんなことを考えているのか」、「ふ〜ん、そんな先生がいるんだ（いたんだ）」と淡白に思ってくださって結構です。どう捉えていただくかは読者の皆様にお任

せします。

　なお、この学級通信を本にまとめるにあたって、これまで書き綴ってきたそれぞれの内容を大まかにいくつかのジャンルに整理してそのジャンルごとにまとめ、削除してもよい号は省くことにします。そして、これらを書くに至った理由や現時点で改めて考えてみたいことも各章の終わりに加筆しています。その日その日でころころと話題が変わる全く脈絡のない学級通信ですのでそのまま載せると読者の方々を混乱に陥れるかもしれません。少しでもその煩雑さを軽減しようという狙いからです。したがって、どこのジャンルから読み始めても、どのジャンルも全て読まなければならないなどということはありません。どうぞ気楽にお読みください。

　また、現時点で読むと内容がやや古く感じることがあるかもしれませんがご容赦を。

　ところで、学級通信を書く先生方の多くは、まず、そのタイトルにひと工夫します。自分の思いやこだわりがとっても色濃く出ます。僕も一応こだわっております。「トラペジウム」。

　まずは子どもたちとの出会いからです。平成17年4月6日からスタートです。今回の僕の「お相手」は3年2組の子どもたちです。

もくじ

1、出会い ……………………………………… 9
2、教室の風景あれこれ　その一 ……………… 19
3、こぼれ話あれこれ …………………………… 57
4、教室の風景あれこれ　その二 ……………… 111
5、外国を旅行をして思うこと ………………… 133
6、ちょっと考えたいこと ……………………… 151
7、僕の専門分野の話もちょっと ……………… 207
8、趣味の世界にもお付き合いを ……………… 229
9、別れ …………………………………………… 261

一、出会い

トラペジウム 1-1号

　はじめまして、本学級の担任になりました古俣 龍一といいます。どうぞ1年間よろしくお願いします。"オマタ"でもなく"フルマタ"でもなく、"コマッタ"でもありませんで、『コマタ』と読みます。

　前任校は同じ市内の小学校でした。あ、と気がついたら10年もいました。そこで担任をした学年を振り返りますと、3年(平成8年～)、5－6年、5－6年、3－4年、3－4年、1年(～平成17年)という具合でした。

　いろいろな地区も経験しておりまして国分寺市、練馬区、新宿区そして杉並区といった具合です。最近は中学年が多く、本校でもまずこの中学年の担任ということになりました。今からとてもワクワク、ドッキドッキでありますが、とにかく精一杯がんばりたいと思います。さて、本日別に配布しました学年通信でも書かせていただきましたが、走るのが大好きなコマタであります。だから、これから毎日、走りたいなぁと思ってます。(一人でじゃありません。もちろん子どもたちとですよ。)ご協力を！！

　ところで、右の写真は、去年行われた、旧6年生のクラス会の様子です。ひとしきり昔話に花が咲きました。「しばらく見ない間にずいぶん大人になるもんだなぁ」、が実感です。このクラスの子どもたちも、やがては、このように大きくなって、きっと昔話に花を咲かせる時が来ることになるのでしょうね。そんな将来の子どもたちを想像しながら、今を大切に有意義な学校生活が送れるよう、およばずながら努力

したいと思います。ん?「トラペジウム」って何でしょう。あ?もう、書くスペースがない。この話はいずれです。第1号でした。

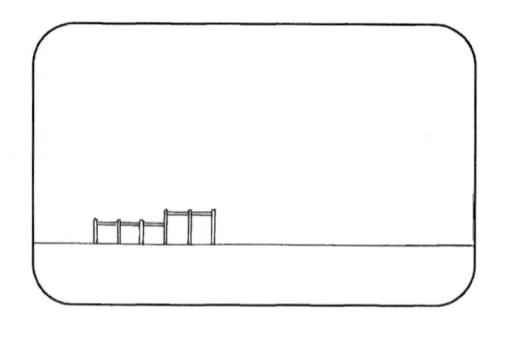

トラペジウム 1-2号

　昨日は陽春にもかかわらず強い冷たい風が吹く中、校庭で始業式が行われました。3年生は、まず前年度の担任の先生から新しいクラス分けがされた名簿をもらい、まず"一喜一憂"です。次に気になるのが始業式の中での担任発表です。校長先生の話の後、本校を離任された先生方の紹介があり、新しく赴任された先生方の紹介があります。

　ここまで来ると、子どもたち、あちらこちらでソワソワし始めます。つまり、この後、この日、彼ら、彼女たちの最大の"山場"およびまたは"関心事"となる「担任発表」が訪れるからなのです。「2年1組、○○先生・・・」。校長先生がみんなに告げていきます。発表が進むにつれて子どもたちはだんだん興奮していきます。発表の前に校長先生が「静かに聞きましょうね」なんて前置きなんか、もう、もうどこかに吹っ飛んでいます。校長先生の一言一言にどよめき、歓声を上げております（悲鳴にも似た声も聞こえてきます）。

　言ってみれば、この光景は始業式独特の雰囲気でありまして、毎年恒例と言えば言えないこともなくて、うん十年間この光景を見てきた僕にとっては極めて見慣れた風景と言えます。しかし、今年の始業式はちょっと違います。僕がこの学校に異動して初めての始業式だからです。子どもたちは僕のことを全く知りません。

　さて、僕の場合はどうだったでしょうか。自分の名前を呼ばれて子どもたちの前に立つと、みんなこちらをじっと見ています。まさに緊張の一瞬です。考えてみれば、このような職業でありますから、子どもたちからじっと見られる場面は数限りなくあります。むしろ、場合によっては、「ちゃんと、こちらをじっと見なさい！」なんて場面の方が多いほどです。したがって、慣れてるといえば慣れている訳ですが、この一瞬だけは何回やっても慣れません。で、今回もじっと見られています。つまり、子どもたちは今度の先生は、優しい先生なのだろうか、怖い先生なのだろうか、とつぶさに観察している訳

です。まさに好奇心のかたまりです。期待の目です。それで、ここで思うことがいつもあります。
　　　　　　　　―子どもたちの期待に応えなくては―
　大量の7枚ものお手紙をいきなりもらい、一人も1枚も落とさず（多分）大事に持って帰る子どもたちの後姿を眺めながら、若干、プレッシャーを感じ、思いを新たにした今年の始業式でした。

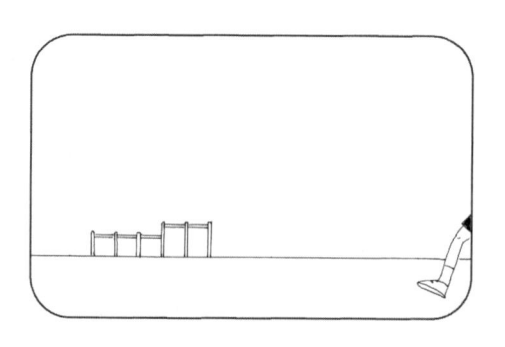

トラペジウム 1-3号

　学校が始まって2日目、朝から気になることがひとつありました。子どもたちの何人かが、チョコチョコと寄って来て「いつ着替えるの？」とか「今日は体育ある？」と聞くのです。

　まあ、まだ、時間割がはっきり決まっていないから確かめに来てるんだろうな、と思っていましたが、どうも彼らの質問の仕方の雰囲気を察するに、何か違うニュアンスが感じられます。つまり、"着替えたがっている"ような気がしてならないのです。で、ある子が自分の席に帰り際に呟いた言葉で納得です。「今日はいつ走るのかなぁ」

　始業式の時に「先生は運動が好きだから毎日みんなと走りたいな」と子どもたちにそれとなく告げてはいましたが、もうすでに、子どもたちは"走るもの"と決めているようなのです。

　しかしですね、この件に関しては保護者会の折にでもゆっくりと保護者の方々とお話をして方向付けをしていこうと思っていたことなので、まだ先のことと思っていましたが、彼らのやる気にはびっくりです。みんなに「ほんとに走る気あるの？」と聞くと「うん」、「走る、走る」です。「ん〜、じゃぁ、ちょっとだけね」という具合でその日の3時間目の終わりに「着替えて外」と言って少し走りました。また、校庭に出てくるのがはやいことはやいこと。

　準備運動を終えてからちょっと注意。「あのね、マラソンってね、運動会の徒競走みたいに一生懸命走るんじゃないの知ってる？」すると「知ってる、知ってる」。「走るリズムを一定にして・・・」、「うん、うん」って、なんか目がもうらんらんと輝いちゃってます。みんな真剣に僕の顔を見て聞いています。ソワソワもしています。

　「じゃぁ、今日は最初だから、軽く1周ね」。すると、「え〜」、「1周〜？」なんて声が聞こえてきます。かまわず、「先生のペースについてくんだよ」

13

と言ってゆっくりめのペース。じつは少し意地悪してはやめのペース。どんな具合かと思って後ろを見ると、みんなちゃんと付いてきています。びっくりしたのはみんなまとまって走っているのです。つまり、「集団走」です。長い教員経験でこの時期の子どもたちが何の指導も受けずに集団走をしているのを見たのは正直言って初めてです。ほう、みんなやる気あるじゃん。よし、よし。

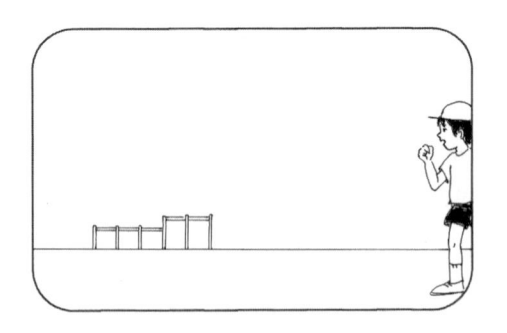

毎年恒例の光景

　始業式の担任発表は一種異様な雰囲気が漂います。ま、全国の小中学校はだいたい同様な様子だと思われます。私見ですが、この原因のひとつには、「子どもが担任を選べない」ということが挙げられましょう。だから、「今度の担任、誰、誰」となり、ハラハラ、ドキドキという場面が出現するのであります。

　これをもう少し視野を拡大して眺めるならば、このハラハラ、ドキドキ状態は保護者まで及んでいるということです。したがって、その日、子どもが帰ってくるなり、「今度の担任の先生、誰だった！！〜？」となる訳です。で、あ〜、当たった、ハズれた、という具合です。早速、仲の良い親同士間で連絡が飛び交います。早いこと、早いこと。

　でもです。ここでちょっと、打ち明け話をすると、ここに至るまで、つまり最終的な各学年の担任決定・発表にこぎつけるまでには、学校内部でも壮絶なバトルが繰り広げられることが多々あります。あそこを立てればこちらが立たない、この学年は男の先生が必要だ。今回の低学年は女の先生で固めては？等々。教員一人一人の希望を聞きながら最終的には全体のバランスを勘案して校長が決定します。校長によって様々ですが、困難を極めている状況下においては、立場上、僕も相談を持ちかけられる時もあります。しかし、そんな相談もちかけられても「わっかりませ〜ん」ですね。やたらなことは言えませんよ。毎年3月になると一人校長室に閉じこもり悩んでいる校長もいます。

　ところで、本章のトラペジウム（以後、トラペ）にも書きましたが、個人的には今回の始業式、10年勤務して慣れ親しんだ学校から

異動してきた新しい学校での始業式だったので、非常に緊張していたことを覚えています。これから担任する子どもたちってどんな子どもたちかなってもう心配で心配で…。「当たり、はずれ」はこちらにもあるんですよ、お母さん。なんて。失礼。

　さて、すでにたびたび話題しているマラソン。じつは、僕は担任したクラスの子どもたちとは毎日走ることに決めています。これは国分寺市での新採以来ずっと続けていることです。理由はおいおいと話をしていくつもりでいますが、そのときの学年や子どもたちによっていささか反応や感触が違います。今回お付き合いを願うのは3年生2組の子どもたちです。3年生といえばそろそろ学校にも慣れてくる時期でありまして活動的にもなります。つまりかなりいろいろやらかし始めます。

　今回の3年生もなかなかやる気満々でありまして・・・。

二、教室の風景あれこれ　その一

トラペジウム 2-1号

　給食の話。2組ではとにかく食べてほしいので「いただきます」をしたら、まず5分間は静かに食べることになっています。ひたすら食べます。

　その後、歓談しながらお代わりも可能となりますが、ここでひとつの決まりがあります。「お代わりは自由で誰がどれだけしてもよいが、ご馳走様をする段階で全てどのおかずも食べきっていなければならない」ということです。つまり、偏った食べ方を防止するためです。

　何年か前の典型的でわかりやすい例を挙げます。厚焼きたまご（じつに庶民的なおかずですが）が出た日がありました。その日は何人か休みの子がいましたので、その分がお代わりとなります。で、このたまごを1人で3つもお代わりした子がいました。そして、いざご馳走様をする時になって、ふと、彼のお盆を見ると、何と丸々とひとつも箸をつけないままの「野菜炒め」（これもじつに庶民的なおかず）が残っているではありませんか。「これ、どうして食べないの？」と聞くと、「だって、嫌いだから」です。好きなものは食べるが嫌いなもの食べない、こいつぅ〜。これはやはり我がままと言わざるを得ません。

　2組の子どもたちにもこのような具体的な話をして指導をしました。話はこれからです。そのお代わりを実際によそってあげるのは僕です。子どもたちが自分のお代わりを自分でよそっている姿がどうしても好きになれなかったので、僕が「どのくらい？」なんて言いながらよそってあげます。でも、これ結構大変。お代わりのコツを覚えた子が次々にやって来るので、忙しいのであります。おかずをやったり、ご飯をやったり、スープをやったり、一人で何役もやります。

　そこでMさん登場です。給食当番のMさん、お代わりをしにきた子を見ると、さっと前に出てきてその友達にお代わりをよそってあげたのです。

　「いいの？」と僕が聞くと「うん、わたし、もう食べたから、いいの」とい

う返事。3年生だって別に難しい仕事ではありません。だからいずれは頼もうと思っていたこの仕事。誰からも言われた訳ではなく自分で進んで仕事をやる。仕事ってこういうものだと思います。Mさんはきっと僕のやっていたことを見ていて、自分でも出来ると思ったのでしょう。以来、この仕事、定着しつつあります。きっかけはMさん、という話でした。

トラペジウム 2-2号

　Nさんたちの"奥の手"は「椅子」です。つまり、今、自分が座っている椅子であります。彼らは(特にNさん)この前の係決めの時に「生き物係」となりました。どうしても何か教室で生き物を飼ってみたいという訳で、半ば強引に作った係でした。やる気満々。仕事がやりたくて、やりたくてしょうがないという感じで、「金魚だよね」とか「どこから持ってくるの？」とか「え、M先生が持っている金魚？」とか「じゃ、いつ持って来ればいいの」とか、もうNさんたち、頭の中が"キンギョ"でいっぱいなのであります。

　理科の担当のS先生に頼んでおいた新しい水槽が教室に届いたので、Nさんたち、早速、作戦開始です。金魚を貰ってくる前に、まず、帰りの会に「家に水槽に入れる藻や砂利があったら協力してください」、「あ、餌もです」なんて言っちゃって用意周到（次の日、即座に砂利を持ってきた子。これもえらい！）。水を水槽に入れ、カルキ抜き対策のため、1日置きます。いよいよ、M先生のところへ。

　ま、ここまでは順調でしたが、ひとつ問題発生です。いざ、どこへ置こうかと思って教室の周りを見回したら適切な場所がないのです。教室の入り口にロッカーがありましたので（何を入れるロッカーなのかいまだにわからない）、ここかな？と思ったら水槽に空気を送るポンプ用のコンセントが近くにない、じゃ、先生の机の上？、コンセントは近くにあるけれど、授業中に気が散って勉強にならない（特にNさん）。困っていると「後ろのロッカーの上にコンセントがあるよ」って、でも、このロッカー、何故か"背が高い"のです。「ここに置いたら餌をやる時に届かないよね」と言いつつも、適当な

場所がないのでとりあえずこのロッカーの上に。ま、あとでどこかにあまっている机でも持って来て・・・、と思っていたら、早速、Nさんたち、餌をやっています。そうです。椅子なんです。考えてみれば至極当然のことと言えば言えないこともない訳で、自分の座っている椅子を有効活用しているということです。でも、これもやる気がなせる業なんでしょうね。その椅子に乗かって（もちろん上履きは脱いでおります。念のため）一心に餌を与えている後姿を見ているとなにか微笑ましくもなります。まだまだ、3年生なんですね。「せんせー、このロッカー、高くって餌があげられないからもっと低いところに移して～」ではなく、「この"不利な条件"をどのように克服するか」ということがまず先行するのです。ここが大事。

　それにしてもこのロッカーほんとに背が高いな。仕事に励むNさんたちの話でした。

トラペジウム 2-3号

　先週の木曜日の5校時に子どもたちを連れて市役所に行ってきました。すでにお知らせしたように、市役所の8階から武蔵野市の様子を観察しようという訳です。朝からぐずついていた天気も出かける時には、嘘のように晴れて、きれいな青空さえ出てきました。なんてラッキーな3年生。

　エレベーターで8階へ行くと、指導課の方がすでに802号室という大きな会議室を開けて待っていてくださいました。恐縮。部屋の中は長机や椅子が並べられていましたが、まわりは大きな窓ガラスで囲まれていて、近づくと辺りの町の様子が一望できます。子どもたち、歓声を上げて早速、事前に配布されている市役所が中心に示されている白地図上にビルや施設などを思い思いに書き入れていきます。もう鼻なんかぴったりガラスにくっつけちゃって夢中で書いている子もいます。3年生にもなると結構、子どもたちっていろいろな建物の名前を知っていてあれは何々でこっちは何で・・・なんて教えてくれます。

　ただ、問題がひとつ。この会議室、眺めはいいのですが、北と西しか見えないように造られているのです。で、当初、この部屋の見学が終わったら隣の801号室へ行き、今度は東の方も見ることになっていましたが、あいにく、何かの会議が入ってしまったようで、移動出来ませんでした。残念。

　次の日、記憶が薄れないうちに書き込んだ地図に色を塗ったり、建物を書き足したりしました。しかし、「これでいいですか？」と子どもたちが持ってくる地図を見ると、どれも東と南がみごとに空白

状態です。「なんかしまらないよな」って言うと、子どもたち「ん〜、だって、見てないもん」って、当たり前か。でもここで終わらないのがこのトラペであります。Hさん登場です。近くに寄ってきて「先生さ、この前書いた、あれね」、「あれって？」、「小学校から自分の家まで線を引いたり、友達の家に印をつけたりしたあの地図」。と、隣の机の上に重ねてあるプリントを指差します。2年生の復習用にと学区の地図を配ったそれです。集めて置いてあったそのプリントのことを言っているようです。「あれ、どうするの？」、「あの地図にさ、東や南の建物がちょっと書いてあったでしょ。あれちょっと、貸してくれますか？わかるのだけ写しておく」、「おお！そうする？いいね！」

　Hさん、きっと、東と南がぽこっと空いている地図を見て自分でもなんかしまらないと思ったのでしょう。で、この発想です。学習ってこういう気持ち（姿勢というか心構え）が大事！本来、見たものを書き入れることになっている白地図ではありますが、この積極性に免じてOKです。これを見たほかの子どもたちもまねをし始めました。ナイスです。

　でも、最終的に東と南はどうしようかなぁと考えていたら「ああ？言わなかったけ？、屋上って、もうひとつあってね、環境データなんかをとる機械がじゃまでちょっと狭いけど、そっちの屋上で観察できないこともないよ。南も見えるよ。足元はパイプも出てるから気をつけて歩かないといけないけど」って、校長先生！もっと早く教えて〜。

トラペジウム 2-4号

　教室の教師用の机の上に、ボールペンやはさみを入れておく缶箱があります。この缶箱、自分用にと職員室から誰も使っていない物を拝借して持ってきたものです。
　しかし、最近はそのような物に混じって"次元"の違う物が混じっています。消しゴム、ハンカチ、僕のではない鉛筆、等々・・・。
　つまり、これらは落し物であります。過日、子どもたちとの間で以下のようなやり取りをしました。

先生：みなさん、これを見てください（冷静にハンカチを見せる）。
　　　　　－子どもたち一応見てます－
先生：これはさっき、Aさんが落ちてましたと言ってここに届けてくれたものです。は～い、誰のですか？（まだ、やさしい）
　　　　　－子どもたち無反応－
先生：もう一度聞きますよ。誰のでしょう（やや語気が強くなる）。
Cさん：先生、僕のではありません。
Dさん：Jさんのに似てます。（Jさん、否定。何人かが同じせりふを繰り返します）
先生：あのね、そんなことないでしょ。だって、今、Aさんがそこで見つけて持ってきたんですよ（ほぼキレかかっています）。
　　　　　－先生、続けます－
先生；つまり、この教室の中で落ちていたんだから、この教室の中の誰かということじゃん、どういうことじゃ！（あ、まずい、不適切な言葉づかいを・・・）

Eさん：先生、名前は書いてないの？
　　先生：そんなのないわ、あればとっくに誰だかわかるのじゃ（完璧
　　　　　にキレております）。
　　　　　－みんな、それもそうだな、という顔をしている－
　　　　　（あたりまえでしょ、妙に納得すんじゃないの）

　結局、そのハンカチ、持ち主が見つからないまま、いまだに缶箱の中にあります。バーバパパの家族たちが悲しそうな顔をしています。かわいそうに。
　で、こんな感じの繰り返しで缶箱の中に不本意な物が日に日に増えていく傾向にあります。じつは、この状況は毎年のことなのです。これも時代の流れでしょうか。物があふれ、物の価値観が損なわれている事実はこのような場面で顕著に現れます。物を大事にする気持ちさえあればこのような事態にはならないことは確かです。つまり、落としても大丈夫なように名前を書こうという気持ちが働くからです。ちょっと憂いています。
　　　　　　　　「持ち物には名前を書く」
　これ、基本中の基本。

トラペジウム 2-5号

　僕は去年まで、ある大きな公園を通って前任校に通っていました。自転車通勤です。以前、どれくらいで学校まで行けるものかとタイムを取ったことがありましたが、ベスト記録は18分20秒でした。
　で、話を戻してこの公園ですが、やたらと犬が多いのです。散歩の犬です。朝も夕方も公園に入ると犬また犬です。それにしても、犬って本当にいろいろな種類がいます。人々はそこここで思い思いに犬と戯れ、顔見知りらしきの同類の方々とひとしきり世間話をしています。犬の自慢話も当然話題になっているのでしょう。もう、さながら犬の品評会であります。これらの人々にとっては犬は生活の一部であって、犬はかけがいのない家族の一員と思われます。
　じつは今、僕の家にも犬が一匹います。かわい〜い、ヨーキー（正式にはヨークシャーテリアですね）です。三男坊が「どうしても」と言うので飼い始めました。しかし、僕は最初、犬を飼うことに消極的でした。と言うのは、やはり僕が小学校の時に犬を飼っていたことがあって、苦い経験をしたからです。とても頭のいい犬でした。まだ生まれたばかりの目の見えない時に友人から譲り受けてまさに手塩にかけて育てました。その甲斐あって、彼は話せないだけで僕の言うことは殆ど理解するほどになりました。これは本当です。情も移ります。まさに"一心同体"です。しかし、そこに大きな落とし穴がありました。
　およそ犬や猫に代表されるような"ペット"なるものは確実に人間の寿命より短いことを忘れていたのです。僕もその強烈な洗礼に遭った訳です。飼い始めて7年目のことでした。「二度とこんな目

にあいたくない」という心理がはたらくのは当然のことです。したがって、「どうしても」と言っている三男坊もいずれはこの残酷な別れに遭遇するのは確実であります。長男もすでにインコでこの洗礼を浴びております。でも、飼わせてあげることにしました。つまり、あえてこの悲しい別れを味わわせることにした訳です。その経験から生まれるもの、育まれるものはその後の彼の人生にとって決してマイナスにはならないと考えたからです。飼い始めて4年を経過していますが、三男坊は今日も一緒に布団で寝ています。2組も犬に限らずペットを飼っているご家庭が多々おありかと思います。子どもたちは一生懸命に面倒を見ているでしょうか。もし、そうだとしたら、どうか"その時"のフォローをお忘れなく。

　昨日の朝、教室に行くと子どもたちが「チョウになった、チョウになった」と何やら騒いでいました。見ると、なるほど、後ろのロッカーの上で飼っていたモンシロ蝶のさなぎがかえっていました。「蝶々係のみんな、でかした！よく面倒見た！」、みんな拍手です。昼過ぎに飛べるようになったようなので、ベランダから放してあげました。みんな、「また来いよ」なんて見送っています。なんかフンワリとした気分になりました。1週間ぐらいすると米俵背負って来るかな？

トラペジウム 2-6号

　先日、「先生、歯みがきしていいですか」と、UさんとKさんに給食が終わってから聞かれました。見ると、Uさんたち、せっせと磨いています。しっかり、食後に磨くのが習慣になっているようです。

　そういえば、杉並区に勤めていた頃、1年生に歯垢染色テスト（汚れている部分が赤くなる試液ですが、今はあまり使われていないみたい）をして歯の汚れ具合を検査した経験がありますが、その結果、学校でも歯磨きの励行を推進した時期がありました。もっとも、これは強制ではなく、持ってきてできる子、可能な子ということでしたが、給食後、廊下の流しの前で子どもたち、鏡を見ながら歯磨きしてましたっけ。

　ちょっと、興味がありましたので二人にインタビュー。
Q：どうして磨こうと？
A：いつも食べたあとに磨いているから
Q：それで学校でも？
A：なんか、磨かないと変な感じ
A：うん、気持ち悪い

　この、磨かないと変な感じあるいは気持ち悪いというのがいいですね。しっかりした習慣が身に付いているということに他なりません。このことから、およそ基本的な生活習慣というものは日頃の単純な繰り返しによって自然と身に付いていくものだということがわかります。Uさんたちのさりげない話を聞いて納得です。Uさんたち、いい習慣が身についていますね。

　3年生でも給食後にブクブクゆすぎをしている子を何人か見かけ

ますが、歯磨きの重要性から考えるなら、当然、給食後も必要なこととなります。

　でも、限られた廊下の流しに大勢の子が歯磨きに殺到する光景を想像すると、これもちょっと考えものです。相応のルールや決まりが必要になるかも。学年でも取り組めたらと思いますが、いろいろ他の問題も出てくるような気がしますのでもうちょっと考えてみることにします。とりあえずブクブクうがいの励行でしょうか。

　で、じつは昨日、3年生、歯科検診がありました。検査に行く前に「C、斜線」や「C、まる」というのは問題ないけど、何々が"C"とか"Cの1"なんて言われたら虫歯があるっつーことだぞ」と脅かしました。虫歯という病気は風邪とは違い、一度疾患すると自然治癒が難しい病気です。進行します。したがって、早めの治療が不可欠です。実際に検査している時に歯医者さんの"C"の言葉にいちいち反応してビビっていいる子どもたちの様子が面白かったです。

　歯みがきは基本的な生活習慣の中でも基本中の基本です。当たり前のことを教えてくれたUさんたちではありました。

トラペジウム 2-7号

　そろそろTT（ティーム ティーチング）のT先生とやっている算数の「時刻と時間」の学習が終わります。先日の授業では、今まで習った学習を生かして自分で時刻や時間に関係した問題作りをしました。

　「まりさんはいつも6時50分に起きています。けれど今朝はまだ眠いから"もう少し寝よう"と言ってまた寝てしまいました。起きたらもう7時20分になっていました。まりさんはいつもより何分遅く起きましたか」（答え：30分）←2度寝は休みの日にしてね

　「今、12時15分です。12時30分にしょうた君と待ち合わせです。あと何分で来ますか」（答え：15分）←ホントに来るんでしょうか、君は忘れられてはいませんか。

　「今朝、7時20分に学校のウサギが生まれました。学校のみんなに知らせたのは8時30分でした。学校のウサギが生まれてからみんなに発表するまでの時間は何時間何分でしょう」（答え：1時間10分）←1時間以上も何してたの、すぐに知らせなさい。

　「ゆかりさんとゆりかさんが公園で1時に待ち合わせをしました。ところがゆりかさんが30分も遅れてきました。ゆりかさんが遅れてきた時刻は何時何分ですか」（答え：1時30分）←この二人の名前が何とも微妙。

　「友達と公園で2時20分から遊び始めました。2時間35分間遊びました。遊び終えたのは何時何分でしょうか」（答え：4時55分）←中途半端な遊びの時間のように思えますが、5時までに家に帰る時間もちゃんと計算している、見事。

　「みかさんがスーパーのお買い物を頼まれました。スーパーは11時に開きます。みかさんはスーパーに11時ぴったりに着くように10時45分に家を出ました。家からスーパーまで何分かかるのでしょう」（答え：15分）←じつに計画的。几帳面な性格がでている。

　いろいろな問題が考えられていて読む方は飽きませんでしたが、"時刻"

と"時間"という概念や"午前"と"午後"の使い分けなど、ほとんどの子どもたちが理解出来ているようです。まだまだありました。

ところでここでは紙面の都合上省略しますが、Ｄさんは「学校にいる時間」を問題にしました。答えは9時間30分。この答えには改めて驚きます。寝る時間を除くと学校にいる時間の方が家にいる時間より長いんですよね。つまり、それだけ担任の先生との付き合いが長くもなり、濃くもなる(？)ということなのでしょうか。影響、大ですね。

トラペジウム 2-8号

　夏の夕暮れ時の南の低い空に、ケンタウルス座という星座が現れます。と言っても、日本からはほとんど見えず、その一部が見えるだけのであまり馴染みのない星座です。この星座にα星という恒星があります。恒星ですから我が太陽系の太陽と同様、自分で燃えて(爆発して)いる星です。この星、2つほどの理由で有名です。

　まず、この星が地球からの距離として最初に測定された星だと言うことです。測定した人はスコットランドのヘンダーソンです。1838年のことでした。その距離、およそ4.3光年。

　つぎに、この4.3光年という距離です。つまりこの星は太陽を別にすると地球から最も近い別の太陽であるということです。近いといっても光の速さ(秒速約30万km)で旅行しても4年以上かかるという訳ですから桁違いです。

　僕が興味深いのは"もしこのα星に惑星系が存在し、地球と同じ条件の惑星があったとしたら"ということです。

　しかし、観測が続くにつれ、このα星は三重連星であることが判明しています。つまりこの太陽はα星ひとつではなく、3つもの太陽がお互いに影響を及ぼしあって複雑にまわっているというのです。さすがに3つもある太陽のまわりを惑星がまわっていると考えるのは少し無理があるかもしれません。でも、もし、そのまわりをまわる惑星から空を見上げるとα星を含む3つの太陽が見えるということになります。じつに不思議な世界です。

　太陽系にだって不思議な世界はたくさんあります。火星はフォッボスとダイモスという2つの衛星(月)を持っています。火星に降り立ち、夜空を見上げると月を2つ見ることが出来るという訳です。「あ、満月だ、こっちは三日月」という具合です。

3年2組も時として不思議な世界となります。「だから、何回聞いても言ってる意味がわかんないの！もうちょっと先生の分かるように話してよ」とか「宿題ありますかって、それって、今、先生が言ったばかりじゃん」とか「今、何時間目って、1時間目が始まったばっかりでしょ！」等々。上述した世界に匹敵するような不思議な世界がたくさん観測できます。一度、観測にいらっしゃいますか？

トラペジウム 2-9号

　持ち物には記名をするというのは基本中ということを以前にも書きましたが、テストに名前を書くというのも常識中の常識でありまして、全く別の視点から見ても重要なことです。つまり、どんなに出来がよくても(出来が悪いとかえって好都合？)それが誰が書いた答案かがわからなくては話になりません。「これは僕(わたし)の書いた答案です」という自己アピールを放棄したと解釈することが出来ます。言ってみれば、このテストは"自分にとってはどうでもいいものである"ということに他ならないということです。

　「そういうことなんだよね」と実際に"実行者たち"に問いかけるともちろん焦ります。本人も本意ではないということはよく分かります。でも、テストを配布後、「まず、名前を書くんだぞ」といつも言っているのにもかかわらずこれです。僕も机間指導をしながら気をつけて見ているのですが、その目をかいくぐるかのごとく無記名者が登場します。

　こちらとしては、記名している子をどんどん名簿でチェックしていけば、無記名の子を突き止めることは可能ですが、無記名の子が複数におよぶと、ちょっと厄介です。該当者とおぼしき子どもたちを呼んで字の特徴などを見せながら「これ、オレ(わたし)のだった」という具合に決着をつけます。でもですね、この後におよんでもまだ「オレ(わたし)のじゃない」と言いはる子もいますので、いまだに自分の字を認識できていない子がいるということになります。かえって、まわりの子が「この字は○○さんの字じゃん」と言われてやっと、本人、ハッと我に返るといった具合です。

　先日、3組の子が「落ちてました」と持ってきてくれた物がありました。1学期にやったテストでしたが、記名がありません。何と言っても、返す時に「名前がないよ」と言って渡したのにもかかわらず、依然として記名をしていないという事実です。一緒に重なっていたもう1枚の印刷物がトラペ

だったので2組の誰かでしょう、ということで届けてくれたのだと思います。ずいぶん昔のテストです。まだ、家にも持って帰ってないというのも問題であります。

　去年度、1年生の担任をしていましたので、鉛筆1本1本に至るまで記名をするのが当たり前で、記名については極めてナーバスだった世界から舞い降りてくると、ちょっと、子どもたちも僕もルーズになったかな、っと何となく感じる今日この頃なのであります。

トラペジウム 2-10号

　子どもたち、連休明けは総じて落ち着きがありません。土日と過ごした後の月曜日です。朝、教室へ行くと、あちらこちらで"ザワザワ感"が漂っています。「ああ、また"野生"に戻っちゃったのね」と思いながら1日を過ごしますが、こわいのが事故や怪我です。

　活気があるということではありません。なんとなくみんな疲れているというのか怠惰的というか、集中力が感じられないのです。もちろん、それを感じさせない子どももいますが、極めて少ないと言わざるを得ません。

　これは考えるに、いわゆる休みの過ごし方に原因の一端があるように思われます。休みなので"ダラダラ"と過ごすのもいいでしょう、外出し、思いっきり遊びまわるのも休みならではのことですからそれも否定はしません。ただ、この週明けの子どもたちの様子を見ると、明らかにその余韻が残っているのが感じられます。

　視点を変えて、もうひとつ言えることは、3年生、学校生活に"程よく慣れてきた"ということです。入学から3年目を迎えた時点ですので、学校生活面において要領を覚え、慣れてくるのはごく自然であるとは思います。でもそのことが油断となると禁物です。昔の子はもうちょっと慣れるのに「慎重」だったような気がします。これも時代の流れでしょうか、現代っ子と言われる所以なのなもしれません。長所でもあり短所でもあるような気がします。

　関連して、宿題忘れが目立ち始めています。始めは100％に近い状態でやってきていましたが、最近は「オ、今日は多いな」という日がよくあります。音読カードもしかり。毎日のように、朝、黒板下に置かれている箱にほとんど全員分が入っていたそれも、最近はごく特定の名前が認められるのみとなりました。物事に慣れることは決して悪いことではありませんが、それが怠惰につながることには危機を感じます。

よく「因果は巡りめぐりて我が身に降りかかる。心して毎日の生活に励むのじゃ、カ〜ツ！」などと言って、子どもたちに時々注意を促しますが、効き目はいかにというところです。そこで、登場するのが保護者を含めたご家庭の方々です。"慣れ"が"怠惰"に流れていかないように双方から子どもたちを攻めていきたいものです。大きな行事が控えていると一層の注意が必要です。今日はその月曜日でした。

トラペジウム 2-11号

　以前、「何でも一番病」という子どもたち特有の"病気"の話をしましたが（その号は省略しています）、子どもたちをよ〜く観察していると、他にも解明できない病気があることに気が付きます。病名を定かに特定することが出来ませんが、ま、言ってみれば「よく並べない病」とでもいうべきなのでしょうか。

　例えば給食の用意をする時、2組は日直が前に出て行儀のよい班から「○班ど〜ぞ」なんて呼びます。すると、当番が待つ配膳台の方へ行きます。一方通行ですので、オープンスペース側から窓の方へときれいな1列に流れていくはずです。ところが、最初にもらうお盆の場所がどうもおかしいのです。混雑するのです。混雑というか、わかりやすく図式すると図1aように整然と真っ直ぐにはならず、図1bのように蛇行をするのであります。

　この現象、毎日のことではないのでなお謎をよびます。一体、何に原因しているのか始めのうちはよく理解できませんでしたが、最近、つぶさに観察することによりようやくその理由を解明することに成功いたしました。

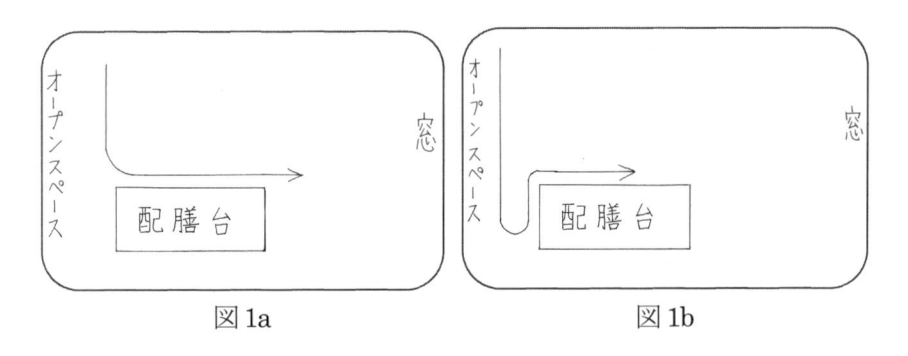

図1a　　　　　図1b

　決め手はその日のおかずによって決まるのです。つまり、みんなが大好きなおかずであればあるほどこの蛇行現象が顕著になるという訳です。例えばカレーとか焼きそばなどですね。今現在の配給具合がどのような状況

になっているのかということを自分なりに把握をしたいがためにこのような現象が生まれるということです。もし万が一、自分のところで少なくなったり、最悪足りなくなったりしようものなら一大事であります。この蛇行部分の子どもたちは一様に「首が長い」のであります。じ〜っと、自分より前の子どもたちの配給状況を眺めています。目も異常に「巨大化」しております。すごい集中力です。配給は子どもがやりますので、つまり機械ではないので、残念ですがこの病気の特効薬はありません。

　で、そこで気が付きましたが、他にもこの病気が発生する時があったのです。それは僕が宿題やプリントの問題などにまるをつける時です。たいてい班ごとに並ばせてチェックをしていきますが、これも図2aのようにはならずどうしても図2bのようになるのです。

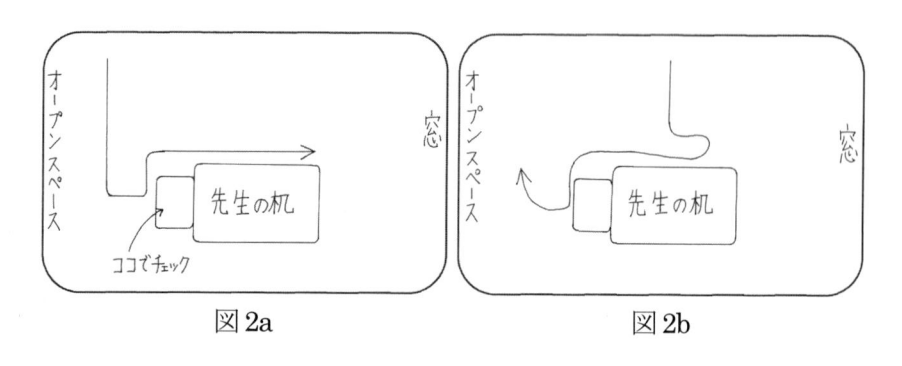

図2a　　　　　　　　　　図2b

　これも原因が解明されました。つまり、前の人たちがどのようなことを言われながらチェックを受けているかが極めて興味があるという訳です。要約すれば心配なのです。もし、前の人が間違えるようなことがあれば、すぐに自分のノートやプリントに目をやります。したがって、このような蛇行現象が発生するのです。この時は目だけではなく耳も巨大化しています。ねぇ、ちょっと、そんなに覆いかぶさると暗くて丸がつけられないんですけど！

トラペジウム 2-12号

　なんか最近ですね、忘れ物が多くってですね・・・。
「は〜い、算数、始めるね」なんて言って機嫌よくやり始めようかなっと思うと、チョロチョロと誰か寄ってきて「センセー、ノート、忘れちゃったぁ。これが複数人数ですね。一応決まり悪そうな顔をして言う子どもたち。「ハ〜ッ？、時間割、どーしたの？まさか、家にないわけじゃないでしょ？、昨日の夜、家でちゃんと調べてるよね、今日、算数あるってこと！」なんて語気も強くなりますよね。

　「それじゃぁ、宿題をチェックするからぁ、〇班からもってきて」って言うと、また、チョロチョロと寄ってきて(これも複数なんですよね)、「あのね、家でちゃんとやってきたんだけどね、ノート、忘れちゃったのぉ」なんて言う子たち。なんて言うか、そのあっけらかんとした言い方が癇にさわったりして。「そんなの知らないね、ホントにやったかどうかわからないもんねぇ〜、この目で見ないと信じられな〜い」なんていやみも言いたくなります。

　で、昨日も例の「読書感想文の続きを書くよ」って言うと、「あ、本、忘れちゃったぁ、続き、書けないぃ」なんて明るく言う子。「ん〜、だってさ、これってさ、途中なのわかってんでしょ？何でそんなに簡単に忘れちゃうの！」って、もうあきれるばっかりでありまして。

　あるいはですね。授業も半ばに入り、そろそろ山場に差しかかろうとしている時、ふと、見ると、並んだ二つの机の真ん中に教科書をおいて二人で仲良く見ている子。「ちょっと、ちょっと、君たち、教科書、どっちが忘れたの？」と聞くと「は〜い」なんてこれも明るく手を挙げる子。それで1時間やり過ごそうと思とったのか！とんでもない！」なんて、ぷっつ〜んと頭の片隅で音がしそうな。

　"あ、また、誰かチョロチョロと来てる・・・"もう！「わしゃ、知らん！」

と思わず言ってしまいますって。すると、この思わず口にした言葉が、何故か受けたりなんかするんですよね。理由なんか解明しようとしたって無駄です。受けてるんです。不思議。あちらこちらで「わしゃ、知らん」。「わしゃ、知らん」。「わしゃ、知らん」の声。自分で言ったあと、笑い転げている子もいます。「コラ〜、真面目に怒っとるんだぞ」って言うと、また「わしゃ、知らん」。ほとんど合唱。ま、こういう日もあるんですね。勝てません。

トラペジウム 2-13号

　なんか寒くて日の出ない日が多くて、すっきりしないなぁと。で、たまに晴れるとこれが図工や音楽のある日。つまり、何が言いたいかというと理科の授業が滞りがちになってしまうということなんですね。最近の理科は、「一日の影の動きを調べよ」や「鏡で光を反射させて光の強さを調べよう」や「時間を決めて地面の温度を計ってみよう」なんて、まさに太陽が出ていて時間の余裕がないと不可能な学習ばかりなのです。

　でも、今週の月曜日晴れました。で、いまだにやり残していた「虫眼鏡を使って光を集めてみよう」という学習をしました。まず、4人グループにひとつずつ虫めがねを渡し、光を当てるための適当な紙を持たせて校庭に出ました。虫めがねを渡す前には「絶対にこれを通して太陽を見ないこと」、「地面を歩いている蟻や生き物などに面白半分に当てない」ことなど注意しました。やる子がいるんですよね。

　さて、外へ出ると、あ、やってる、やってる。グループごとに集まって紙に虫めがねを遠ざけたり、近づけたりしてどの位置で一番光が明るくなるか、熱くなるかなんて、あ～でもない、こ～でもないと。

　そこで、"あ、失敗したわ"と思いました。適当な紙と言ったものですからみんな例の「余り手紙」の箱の中にある紙を持ってきているのでした。白いのです。どの紙も。だいたい、子ども用の虫めがねですから使用している凸レンズはまあ、ダサいと言えばダサい訳でありましてこのままでは、今日の授業の最大の山場である「光が集まるとその部分は明るくなって、しかも高温になり、その結果、紙が燃えんだ、どうだすごいだろ」っていうかっこいいセリフが言えなくなってしまうじゃないですか。「センセー、燃えませ～ん、ほんとに燃えるんですか～？」なんて露骨に不満げな顔をして言い始める子もいます。ん～、まずいな・・・、黒っぽい紙を用意しておくんだったな、なんて思っていましたら、いるんですね。この窮地を救って

くれる子どもたちが。
　枯葉です。そのグループ、なかなか変化しない紙をあきらめて、地面に落ちている枯葉に光を当て始めました。「あ、また、余計なことして、そんなこと、先生がしていいって言ったぁ？」と普段だったら怒るところでしたが、ちょっと待って、あ、燃え始めた。煙を出しております。子どもたちもびっくりして喜んでいます。それを見た他のグループの子どもたちもまねし始めています。あちらこちらで歓声があがっています。予想外の展開。ある子は穴の開いた枯葉を大事に教室に持って帰って行きます。燃えないとおもしろくないんですよね、この授業って。その日は子どもたちに助けられました。（それにしても、あ！やってる。コラ、そこの子、虫めがねで何を追いかけているのじゃ！カツじゃ！）

トラペジウム 2-14号

　3年生の各クラス、1学期から1分間スピーチに取り組んでいますが、これまでのスピーチの中で僕なりに"ふ～ん"とか"そうなんだ"みたいなものをちょっと紹介します。

　『わたしは、プラスチックについて調べました。プラスチックには、いろいろなマークがつけられているのに気がつきました。調べてみると、プラスチックの種類ごとにつくられているマークだとわかりました。例えばペットボトルのマークはポリエチレンテレフタレートというプラスチックだそうです。マークは7種類ほどあります。このマークは、プラスチックを見分けてリサイクルするためにつけられています。プラスチックは簡単に姿をかえられるため、リサイクルしやすいのです。プラスチックからスーパーボールやスライムのようなものを作ることができます。きちんとプラスチックを分別すると、別の素晴らしい物に生まれかわるということがよく分かりました。』

　『僕は日本の人口について話します。国の役所は5年に一度、人口など全国一斉調査をしています。昨年やった調査の結果、人口が減っていることがはっきりしたのです。今年の10月の推定(むずかしい言葉)人口は1億2775万人です。国の違うところが調べた結果よりもさらに約1万8000人少なく、人口が減り続けていることがわかりました。・・・お年寄りの数が増えて若者や子どもの数が減っているということでした。本当に人口が減っているなんて知りませんでした。』

　『これは太陽の黒点のまわりから炎が激しくふきだす写真です。この写真は9月に打ち上げられた観測衛星の「ひので」が初めて写したものだそうです。炎は水素ガスが噴出してできたものです。これをジェットと呼ぶそうです。吹き上がる高さは、地球を2つ重ねた高さになるそうです。このジェットは数十分で消えてしまうので見ること(写真に撮ることが)

がむずかしかったそうです。』
　以上、紹介した子どもたちは、いずれも関連した資料や写真をスピーチとともに提示しながら話しています。始めの頃はしどろもどろでスピーチをしていた子どもたちではありましたが、回数を重ねるごとにだんだん上手になっていています。一生懸命、家で原稿用紙を見ながら時計片手に練習をしている子もいるとか。

トラペジウム 2-15号

　2組の子どもたち、いつもの習慣で朝の時点で着替えています。マラソンです。今の季節、寒さも一段と厳しくなり、準備運動前は「センセー、サミ〜」、「手が凍る〜」なんて"もがいている子"もいますが、いざ走り出すとガンガン行きます。

　考えてみれば、春のポカポカしてどこかけだるい季節(個人的には花粉症で非情に苦しめられました)、梅雨のじめじめしてじっとしているだけでも汗が身体にジワっとくる季節(個人的には一番苦手な季節です)、カンカン照りで不快指数が極めて高い汗だくだくの季節(水分と塩分が必須でした)、気温湿度とも快適で爽快な季節(つい最近でした)・・・と、子どもたちは幾多の季節を走り続けてきた訳です。で、この木枯らしの吹く季節も絵になるんですね。あかぎれやしもやけ対策で、走る時のみ手袋を着用してよいということになっていますので、そのような子を見るとなんか専門の選手が走っているような感じさえします。4月からの総走行距離を計算すると一体どれくらいの距離になるんでしょうか。今度真面目に計算をしてみたいと思っています。

　ところで、子どもたち、4月の走り始めの時期と違うのは、走る時のリズムです。言い換えれば走るときのペースの作り方です。毎日のことですから、おのずと自分の走るペースが決まってきます。そのペース、4月から比較すると、格段の差が付いてついています。1周、約120mのトラックですので、子どもたち、毎日、1000m前後は走っています。しかし、冷静に考えるとこれはすごいことです。8〜9歳児の子どもたちですから。

　僕がこのような子どもたちを見て感じることは、子どもたち自身、このパフォーマンスの向上に普段は気づいていないんだろうな、ということです。でも、言ったところで、あんまりぴんと来ないのかもしれません。「すごいんだぜ、これって！」って言ったって「ふ〜ん」ってなもんでしょう。毎

日当たり前のことをやっていることが何ですごいんだろう、ぐらいしかもはや思わないのでしょう。多くの子どもたちの興味は毎月1回測定する1000mタイムです。「今度はいつ？」です。その時の自分の記録を知った時、自らのパフォーマンスの向上に何となく気がつくのかもしれません。昨日も一緒に走りながら"子どもたちってすごいなぁ"とつくづく感じた次第です。

トラペジウム 2-16号

　テストをやると必ず子どもたち、「先生、いつ呼ぶの」と聞きます。つまり、僕はある一定の時間が経つと一人ずつ呼んでその場でまるをつけてあげるからです。指定する時刻はそのテストによって違います。概ね、その時間の終わりには全部の子のまる付けがが終わることが出来る時刻です。僕はいつの頃からかテストの時は必ずそうするようにしています。その予告時刻になると「自信のある者は良い姿勢をしてください」と言うので、子どもたち、良い姿勢をします。背筋を伸ばしてとても素晴らしい姿勢です(いつもそうしろよ〜)。つまり早く呼んでもらい自分の出来具合いを知りたいのであります。

　「〇〇さん」と呼ぶと、「ハイ」(と、元気よく返事をする子もいます)。でも、じつは、これは本人たちにとってはドキドキもんなんですね。目の前ですぐ結果がわかりますから、こちらから見ているとその時々の反応が手に取るようにわかって面白いのです。「しまった、ハズした・・・」、「あ、消したはずなのに消してない」、「いっけねぇ、勘違いしちゃった」等々、不本意な例としてはいくつかのバリエーションがあります。逆に全問正解だと「ヤッター！」と思わずガッツポーズをとる子、「ああ、良かった」と胸をなでおろす子、これもまたいろいろです。

　僕がこのまるつけ法を採用したのには訳があります。上述した子以外の子への対策です。間違えたところをリアルタイムに解説をつけて個々に返していけるということです。「ここはどうしてこうなった？」や「これはこんな考え方をすればいいんだよ」です。このような言葉がヒントになって「あ、そうだったのか」という子もいます。テストは一応、学んできたことのひとつの結果として診断することが可能ですが、僕はテストをひとつの"通過点"として使っています。要するにこの次から同じ間違

いをしないようにすればいいという発想です。このようなもうひとつテストの使い方をやり始めてから子どもたちとの距離が一層近づいたように思えるようになりました。全問正解もしくはそれに近い出来の子については、「よし、やったぁ！」や「おしい！」なんて励ましたりもします。
　「ナニ？260円？」、「あ、いっけね～、260人だ」(バッカモン！、しっかり見直しをせんかい)

トラペジウム 2-17号

　子どもたちは本が好きですが、図書の時間を観察していますといわゆる「読み方タイプ」が何種類かあることに気がつきます。
＜その１：じっくりタイプ　小説編＞
このタイプの子は図書室に入るなり自分が持ってきた本をすぐに読み始めます。この子たちはほとんどこの１時間中、席を立ちません。じっくり読みます。味わって読みます。しかも、小説・物語が多いのです。

　　「ジャングルのおきて」　　　　「オペラ座の怪人」
　　「ポンペイ最後の日」　　　　　「エルマーの冒険」

　ざっと挙げればこんな感じです。これらの本は一様に字が小さめでほとんど装丁がないのも特徴であります。
＜その２：じっくりタイプ　図鑑編＞
このタイプの子たちは上記のタイプとその動静はほぼ同じです。つまりじっくりと落ち着いて読みます。しかし、読んでいる本の種類が違います。小説・物語ではなくいわゆる図鑑類です。動物の図鑑であったり、宇宙の図鑑であったりいろいろです。半分口をあけて読んでいる子が多いということは、そうとう"オタク"っぽいということでしょうか。読んでいる子によっては近づくことができない雰囲気をもっています。ま、いっか。
＜その３：頻繁席立ちタイプ（ん〜、適切な言葉が思い浮かばない）＞
およそ５〜10分間隔で本を取替えに行きます。次の本を探す時間にも時間がかかります。こちらから見ているとなんか落ち着きなく見えますが、ポジティブに解釈すると"いろいろな本が読みたい"でしょうか。ネガティブに判断すると、もうちょっと「落ち着いて本を読め〜」と言えます。
＜その４：一見じっくりタイプ＞
このタイプは僕もどう解釈したらよいのか分かりません。と言うのは、彼

らはじっくり本を読んでいますが、そばに寄って本の中身を見てみるといわゆる「マンガ」なのです。最近よく見かけますよね。歴史を分かりやすくマンガにしたり、科学的な実験をマンガにして面白おかしく説明しているあれです。どんなに好意的に解釈しても"マンガ"です。じゃ、何で学校の図書室に置いてあるの？と聞かれると困りますが、僕は子どもたちに「マンガは本の形をしているけれど"本"ではな〜い」とよく言います。これはいつでも読めるでしょ？だから図書の時間くらいは"本"読んでよって。

ひとりごと　その一

　学校の先生って極めて特殊な職業だなと感じているのははたして僕だけでしょうか。
　今でもお付き合いいただいている僕が小学校時代の恩師（したがって相当年配となってしまいましたが）がかつてぽつりとおっしゃられていたことを思い出します。

「子どもは管理するものじゃないよね」

　子どもたちと接する時に「これはこうでなくてはいけない、こうしていかなければいけない」という確固たる方程式のようなものがないということなのだと思います。さらに言うならば、どこかの会社の事務屋さんが決められたマットに従いながら機械的に必要事項を書き入れていくような仕事をするようなことが決してあってはならないということです。教師には、目の前の状況にいかようにも柔軟に対処・対応していかなければならない心の準備およびその能力が必要であるということです。
　本来持っている子どもの可能性を伸ばす、いえ、せめて殺さないようにするためには、教師は決して子どもたちを一定の定規で見ていてはいけないということです。
　でも、いるんですよね、管理したがる先生って。挙手は右手（なんで左手じゃいけないの）、グーを握って手を上げると「だれだれさんの意見に賛成です」パーだと反対です(口で言ってはいけないの？)。確かに見た目は整然として気持ちがよいような気がします。でも、それぐらい自由にさせてあげたら、と言いたくなります。僕はこういうのを「学校ごっこ」と言っています。
　もちろんこれは子どもたちを「自由奔放にしてよい」という意味ではあり

ません。「管理をしない」ということと「自由奔放に育てる」とには明らかに意味の相違があります。今、教師も保護者の方もその辺の境界線が非常に曖昧になっているような気がします。子どもたちはそこを鋭く見ています。ここを間違えると今、はやりの"学級崩壊"を誘発する可能性が極めて高いと言わざるを得ません。

　ところで、冒頭にこの職業の特殊性に触れましたが、最近は夜の八時、九時まで仕事をしても追いつかないと嘆く同僚が増えてきています。通常、我々の勤務は五時退勤となっていますが、とんでもない、平気で五時から会議が組まれます。何故そのような事態になったのかは章を代えて書きたいと思いますが、問題はその分の手当てが出ないということです。ある人は（上の人ですかね）「その分、教員には特殊勤務手当てが出ているじゃないか」と言います。

　ちょっと、みみっちい話で恐縮ですが（でも、我々にとってはとても大事なこと）、確かに毎月手にする給料表を見ると何％か基本給に上乗せされています。そのことですね。でもですよ、どこかの会社のようにタイムカードを導入してみてくださいよ。そんな何％なんてもんじゃとても追いつかないくらいの額が算出されますよ。会議が終われば、学年での打ち合わせ、それが終われば明日の授業の準備・・・。気が付けば九時、なんてことざらです。次から次へとやらなければならない仕事が出てきます。きりがありません。

　学校の先生って、ほかの職業とちょっと違うなと思うのは、以下の点に尽きると思います。すなわち、「およそ営利を目的とした一般の企業とは違い、いかようにも変化する"ナマモノを相手に商売"をしている。したがって、これで終わりというキリのいいところがない」です。

三、こぼれ話あれこれ

トラペジウム 3-1号

　例の蚕が何となく成長しています。目に見えてというか、みるみるという感じではありませんが成長しています。となりの学校ではもう、繭をつくり始めているようです。我がクラスの蚕は、まあ、大きくなったとはいってもそこまでいくのはまだまだです。

　係の子たちはよく面倒を見ています。桑の葉も毎日かわるがわるに誰かが持って来て、絶やさないようにしています。始めは気持ち悪がっていた子も蚕が一心に桑の葉をシャカシャカと食べている様子を見るとさすがにかわいいようで目を近づけてじっと観察しています。

　子どもたちが帰って夜になると、この桑を食べる音がよく聞こえます。僕が教室に忘れ物を取りに行った時、蚕がいることを思わず忘れていてこの音に"びびる"こともしばしばです。

　ところで、この前、クラスで問題になったのは、この蚕をどこまで面倒を見るかということでした。モンシロチョウの場合は、さなぎから返り、飛べるようになった段階で外へ放してあげて飼育完了でしたが、蚕の場合はちょっと、みんなの意見が食い違いました。

　ある子は「繭から絹糸をとりたい」と言い、ある子は「蛾になるところを見てみたい」です。これらのことを視点を代えて捉えると、「これは絹糸をとる学習ではないのか、したがって、どのようにしてとるのか、実際にやってみる必要がある。かわいそうと言うなかれ、昔から蚕はそのような運命にある」一方、「いやいや、相手は生きていることを忘れてはならない。その生きている繭を煮詰めて殺すには忍びない、そんなものはビデオを見れば事足りるではないか（ビデオだって撮影する時に殺してるんですけど）」という考え方に解釈が分かれることになります。

　生かすは生かすで意味があり、殺すは殺すで意味があるという訳です。

理科の指導書を見ると飼い方の詳細が書かれているのみです。

　そう言えば、前任校のすぐそばに獣医畜産大学がありました。出張や外出の途中でよく近くを通りましたが、いろいろな生き物が飼われています。僕が通った大学の運動生理学研究室にもラットやマウスがたくさん飼われていました。もちろん、ただのペットとして飼われているのではないことは周知の事実です。

　かつて大学の講義で聞いた話ですが、犬は飼い主を慕います。この場合、飼い主は教授であったり、研究生であったりします。だから、"その時"が来てその人たちに実験室に連れて行かされる時も喜んで付いて行くそうです。哀れを誘います。

　時に、新聞である新薬が開発されたとの記事を見ることがありますが、そんな記事を見るにつけ、そこに至るまでに"貢献"した動物が何匹かいたんだろうなと考えます。

　この蚕は蛾になってもそんなに長生きはしないということも聞いています。難しい問題ですが、育ち行く蚕を見ながらどうしたものかなと考えています。

トラペジウム 3-2号

『ゆうべ、僕はとても不思議な夢を見ました。今まで見たこともない夢でした。それは世界中が戦争を終わらせることに同意している夢でした。大勢の人たちが入れる部屋が様々な人々(人種)で埋め尽くされています。彼らが署名した書類には"決して再び戦争を行わない"と書かれてあります。そして、書類が全部署名されると何百万部のコピーがされました。人々は手を取り合い、挨拶を交わして、感謝の祈りをささげています。人々は通りに出て、銃も剣も軍服も地面に投げ捨てて踊りまわりました。ゆうべ、僕はとても不思議な夢を見ました。今まで見たこともない夢。世界中が戦争を終わらせることに同意している夢でした・・・』

　僕が見た夢ではありません。これはアメリカのマックーディという人が書いた「きのう見た夢：Last Night I Had The Strangest Dream」という歌の内容です。いわゆるプロテストソングというジャンルに入るのでしょうか、きっと一度はどこかで聞いたことがあると思います。ボブ・ディランやサイモンとガーファンクル等々、それこそいろいろな歌手やグループが歌っています。改めて聞いてみると、人類の永遠のテーマが語られている強烈な歌詞ではあります。ま、多情多感の年頃(中学生の頃ですね)に盛んに聞こえていた歌ですから愛着もありますし、英語の歌詞がそんなに難しくないということでよく口ずさみもしました。

　「きのう見た夢」は人類の理想が書かれた歌です。しかし、"冷戦が終結しても、民族の争いが終息しても、人間の最も根源に潜むエゴイズムが消滅しない限り人類は真の平和を迎えることは出来ない"とは、かつて、ある先生からの依頼で悪戦苦闘しながら「環境教育」についての原稿を書いていた時に目に留まった資料の中の一説です。

　でも、まさか3年生の子どもたちに「エゴだよ、エゴ！」などと難しく

ぶちかましていこうとは思いませんが、「村長さんの提案でお祭りで飲むワインを村の人たちから少しずつ分けてもらったはずの樽の中が水だったんだよね！」とか、「どんな名案を考え出しても依然として駅前の自転車がなくならないのはどうして？」とか、「点字ブロックを空けてくださいって、当たり前のことだよね」なんていう話をしながら、地道に粘り強く心の教育の実践をしていくことが重要と考えています。

トラペジウム 3-3号

　外国人が日本語を覚える時、特に苦労するのが数の数え方だそうです。英語ではたいがいの物は one, two, three‥で済ますことが出来ますが、日本語の場合はそうはいきません。例えばみかんは1個、2個、3個。ところが、紙は1枚、2枚、3枚です。車は1台、2台と数えます。このように日本語は数える物によって"単位"というものを数字の後ろにつけます。我々はこれを日常、何気なく使い分けていますが、こうコロコロと数字の後の言葉が変わっていくんでは、覚える方はたまったものではありません。鉛筆のような長い物を数えるに至っては1"ぽん"、2"ほん"、3"ぼん"とその都度微妙に変化し、4の時はまた"ほん"にもどります。このままでいくのかと思うとまた6"ぽん"や13"ぼん"なんて出てきます。もうこうなると覚える方にとっては何がなんだか訳がわからなくなります。

　また、先日参観していただいた国語の授業のように、辞典で「上がる」を調べるといろいろな意味が書いてあります。英語の場合、それぞれに違う言葉があると思います。おそらく外国人はこれらの「上がる」がどの意味で使われているのかを一瞬のうちに判断するのは困難でしょう。これもややこしい。で、外国人、「ニッポンゴ、ムズカシイ」となる訳です。すると「ニッポン語じゃなくてニホン語とも言うよ」なんてまた曖昧なこと言って混乱させます。

　一方、日本語の文型もかなり"異質"なのかもしれません。全ての国の言葉を知っているわけではありませんから、素朴な感想になりますが、英語は「ぼくは　行く」と先に結論を言います。この方が行くのか行かないのか簡潔にまず相手に伝わります。ところが、日本語は「ぼくは」とったら「遊園地に」とまず目的語を言ってから場合によってはいろいろ修飾

語をつけて最後に「行きます」と結論を先延ばしにします。しかもその結論は「いきま・・・」まできてもまだわかりません。文末の「す」か「せん」まできてやっとこの人は行くのか行かないのわかるのです。「だから日本語は奥ゆかしいのだ」という人がいますが、英語型の文型に親しんでいる外国の人たちにとってはこれに慣れるまでに相当時間がかかると思われます。

　先日の２組の子どもたち、慣れない辞典を片手によく頑張っていたと思います。このような意味調べをさかんにやり、日常のいろいろな場面で使っていくことによって自然と身に付いていくのでしょう。日付は１日(ツイタチ)、２日(フツカ)、８日(ヨウカ)や20日(ハツカ)で・・、ウサギは１わ、２わ。蟹は１ぱい、２はい・・・ん〜、やっぱ、むずかしいわ。

I will go ...

トラペジウム 3-4号

　僕がかつて国分寺に勤めていた時の頃(だから30年以上も前になりますね)、ちょうど今頃の5月頃でしょうか、一緒に組んでいた先生方と考え方が食い違い、ちょっとした口論になったことを覚えています。

　ちょうど運動会の練習の真っ只中でした。その学校でも各学年の出し物の中に表現(ダンス・踊り)がありました。で、僕は1年生の担任(3クラスありました)をしていましたので、かわいいダンスを考えて2人の先生に了承を得て練習を始めました。一緒に組んでいた先生はこの道、ウン十年のベテランの先生と中堅どころのバイタリティのある女性の先生でした。

　で、慣れないなりに子どもたちにダンスを教えていましたが、2人の先生、傍で子どもたちの隊形や位置取りのことについて話をしているのが聞こえて来ます。

「ここにこれぐらいの円を3つ書いてもらって・・・」、「こっちには斜めの線が必要ね・・・」、「入場の時には各列の先頭に目印のマークも必要ね」って、ちょっと待ってください。と口論が始まったわけです。

「でも先生、そんなに線を書いたら校庭中1年生の線だらけになってしまいますよ」と僕。

「でもねぇ、1年生だからねぇ、ある程度書いてあげないとバラバラになっちゃうのよね」とベテランの先生。

「せっかくの演技だから、きれいに見せてあげたいし」と、バイタリティのあるもうひとりの先生。

「でも、線を目指してっていう教え方はあんまり・・・」と僕。

「だいたいの位置を教えておいて、ここら辺に集まるんだよ、じゃだめなんですか？だんだん慣れてくると思うんですけど」と、また僕。

「そんな教え方をしてたら、これからも線がなくちゃ何もできない子になってしまうんじゃないんですか？」と、さらに僕。若ぞうなのにすっげぇ、生意気です。
　"社会に出たらそんな線なんかないじゃないですか！"（っと、これは言葉に出しては言いませんでしたが）
　何も分からない、血気盛んな僕でありましたから、ついつい自分が普段考えていたことを言ってしまった訳です。2人の先生たち、やや戸惑い気味に聞いていましたが、「そうは言ってもねぇ、ある程度はねぇ・・・」と困っています。
　その日の放課後、校長先生のところに行き、今日あった出来事の一部始終を話し、意見を問いました。すると校長先生、「はは、コマタ君、君の言いたいことはよ～く分かる。でもさ、社会へ出ると本当に線、ない？駅のホームを見てごらんよ、まさに線だらけじゃないか、この線より下がってください、ここから乗ってください、ん？」(・・確かに)「線なんか外に出ればそこらじゅうにあるよ。線に頼るもよし、頼らないもよし。教えすぎるのも教えなさ過ぎるのもいかがなものかと。で、問題はだ、その先に見えるものってのは、結局は最後は自己責任ですぞ、っていうことだよな、そういう大人に育てましょうってね、ま、"ポイントを押さえる"だな。ハイ、お茶」。

トラペジウム 3-5号

　かつての新聞記事でチラッと読んだのですが、川崎医療大学小児科の先生が「テレビにはまるとなぜコミュニケーション障害をきたすのか」という点について、その理由を3つ挙げていました。
　まず、理由その①「心の理論が育たない」。
　自分以外の人間を思いやったり、推測したりすることが育つことを「心の理論」と言うそうです。赤ちゃんはいろいろな理由で泣きます。それに一つ一つ応えることで、赤ちゃんは安心して泣きやみ、気持ちよく感じるのです。その行為を無視したら赤ちゃんは自分の確認や自分と他人との関係を理解できなくなるという訳です。つまり、テレビ漬けなどの一方的なかかわりになると、人間の心が育たないということだそうです。
　理由その②「テレビでは立体的認識が育たない」。
　両目と両耳を使うことで物体が立体であること、その物体は空間の中に存在することを把握します。テレビの映像は二次元の世界なので片目で見ても両目で見ても同じです。テレビやビデオを見続けると空間認識がなくなるのだそうです。動く物が苦手、指さしが出来ない、空中を飛び交う言葉も、聞き耳も育たないという訳です。
　理由その③「テレビでは様々な感覚が育たない」。
　様々な感覚とは、触覚、臭覚、味覚、視覚、聴覚などを言います（いわゆる五感でしょうか）。これを広げていくのは豊富な感覚刺激が必要不可欠です。赤ちゃんの感覚発達のプロセスは実体験によってのみ奇跡に近いほど広がっていくのだそうです。この心地よい体験がないとこれらの様々な感覚は育たないのです。テレビやビデオにはまって実体験が欠如すると、聞きなれない音に敏感になったり、夜泣きをおこしたり、特定のおもちゃに固執するようです。これら様々な感覚が育たないままでい

ると全ての感覚刺激に対して敏感に反応してしまうのだそうです。
　現在、テレビを一日中つけっぱなしの家庭が20〜30％存在するそうです。赤ちゃんがテレビにはまると、30〜50人に1人がいわゆる「言葉遅れ」になるそうです。2〜3歳児までにテレビの害に気づくと「言葉遅れ」が回復する可能性が大とのこと。テレビ漬けは早期発見よりも予防が大切。赤ちゃんはデジタル育児よりアナログ育児が基本条件。コンピュータゲーム脳は人間を滅ぼすかもしれません、ですって。

トラペジウム 3-6号

　彼の結論は「子どもの絵には結局勝てない」です。
　僕の叔父は画家でした。でも、それだけでは食べていけないので高校の美術の先生もしていました。自宅にアトリエを造り、自分でも絵を描き、個展も何回か開いている人でしたが、叔父は口癖のように「ピカソだよ、ピカソ」とピカピカの剥げ頭を撫でながら言います。つまり、ピカソが最高という訳です。僕が中学や高校時代に遊びに行くと、時間がある時は、古い書庫からずっしりとしたピカソの作品集を見せてくれて、得々とピカソの偉大さについての蘊蓄が始まります。
　しかし、どう見てもですね、当時の僕としては、「何じゃ、この絵は！」って感じです。だって、人の顔から鼻や目が飛び出している絵を見せられてお世辞にも素晴らしいとは言えません。「こんな絵なら僕にだって描けるよ」そんなようなこと言って反論すると、叔父は僕の目の奥をじっと見据えて「ま、今にわかる」とにんまりします。その叔父もすでに20年ほど前に他界しました。
　で、かれこれ10年ほど前でしょうか、旅行の途中で地方のある美術館に立ち寄った時、たまたまピカソのエッチングを見る機会がありました。これがびっくりです。それはとても美しい田園風景でした。まるで手に取るようにその場所が身近に感じられます。いくつも同じような作品が並んでいます。今までの自分の中でのピカソとは大違いです。"お、すごい"と思って見入っていると、隣でやっぱり同じ作品を見ていた人が連れの人に、「昔はピカソもさ、こういう"まともな絵"を描いていたんだよな、でも、突然変わっちゃたんだよね」、すると、連れが「突然って、どうして？」。「いや、それはオレもよくわかんないけどさ」2人はさらにほかの作品の方へ移動しながら、「ま、なんかが、変わったんだろ

うな、自分の中の絵画観ってやつ？」なんて言いながら続けていますが、その人もあまり詳しい人ではない感じでした。

　僕が感動したのは、"ピカソって、描くつもりならこんな絵、いつでも描けるんだ！"ということです。つまり叔父から見せてもらった絵は、適当に、いい加減に描いた絵では決してないということです。基礎ですよ、基礎。基礎基本。ちゃんと持っているんですよね。その確かな基礎基本が土台となっているからこそ、観る人の心を惹きつけ、今もなお、世界の人々から彼の絵が愛され続けているんですね、きっと。

　図工の先生(ちなみに女性の先生)とそんな話をしていたらその先生、「彼はね、子どもの絵には結局勝てないと、ある日、気がついたんだそうよ、何がきっかけだったんだろうね」ですって。

　いまだ全てを理解したとは言い難いピカソではありますが、少し見えてきたかな。叔父はにんまりとしてどこかでまだ僕を見ているでしょうか。もうちょっと話したかったな。子どもたちの絵を見ていたら叔父のことを思い出しました。

トラペジウム 3-7号

　最近、「算数ドリルの宿題の答え合わせをします」と言うと、子どもたち、一種異様な雰囲気になり緊張感が走ります。僕が答えを言っていき、みんなが自分のノートに丸をつけていくというごく単純な作業なのですが、全問正解すると"ハワイ旅行"が待っているからです。「え〜、全部で20問ね・・・①番、8！、②番10・・・」等といった具合です。何せ、ハワイ旅行がかかっていますから、子どもたち、鋭く反応します。不幸にしてハズした子は、「しまった」、という感じです。

　で、10問まで行くと、「ここまで全問正解のヒト〜」と聞きます。「は〜い、は〜い」と子どもたち。「じゃ、半分まできたから、ハワイ旅行の片道切符獲得！ハワイに行けました」と言います。「やった〜」とあちらこちらで歓声があがります(ほんとに3年生かな・・・)。で、もう半分、後半の10問の答え合わせを続けます。全部終わると全問正解の子はもう大喜びです。こちらにとってみれば別にたいしたことではないのですが、子どもたちにとっては一大事です。前半の問題が全問正解にもかかわらず、後半の問題を１問でもハズすと、ハワイに行ったきり帰ってこれないからです。こうして見ると、最初の段階で早々とハズした子の方が、皮肉にもよかったということになります。「先生〜、どうやって帰ればいいの〜」と聞くので「もちろん、行きも帰りも泳ぎます」と言います。

　最近は、全問正解のツアーも過熱化しておりまして、地底旅行や月旅行と豪華になっております。これはもう大変。答え合わせが終わると、地底や月に行ったきり、帰って来れなくなる子が出てくる訳です。もう、迎えに行く救助艇やロケットも予算の関係で打ち上げることも出来ません。かわいそうですが、諦めるしかありません。

　そんなジョークをまじえながら答え合わせをしている我がクラスです

が、残念ながらこのジョークに参加できない子どもたちがいつも数人ほどいます。みんなが一喜一憂している時に、決まり悪そうにしている子。

　宿題は先生との一種の"約束事"だと言っています。宿題を忘れた子は約束違反です。宿題を忘れた子どもたちには、まず、どうしても家の都合などで昨日出来なかった理由があったかどうかを聞くようにしています。もしそうでなければこの楽しいツアーに是非、参加して欲しいと思っていますが・・・。

トラペジウム 3-8号

―いつまでも君と一緒だよ―

　別に大人の恋愛論をぶちかまそうと思っている訳ではありません。僕が4年生(たぶん)の誕生日の時に親から鉄人28号のブリキのおもちゃを買ってもらった記憶があります。動力はゼンマイです。「何でそんな歳になってまでもこんなものを欲しいがるのかね～」なんて、母親が嘆いていたのを覚えています。

　鉄人28号は正太郎君という主人公(小学生？中学生？わからん・・・)がリモコンで操るロボットです。鉄人と正太郎君が息の合ったところを見せながら、様々な敵やその敵に操られるロボットに立ち向かって難解な事件(たいして難解でもなかった気もしますが)を解決していくところが大いに気に入り、連載されている少年マガジン(今でもあるのでしょうか)を毎週、食い入るように見ていました。でも、リモコンなのにどうして操作する時、「鉄人、次は右だ！」とか「鉄人、飛ぶんだ！」などといちいち声に出して言わなければならないのでしょう。今思うと不思議です。ともかく、鉄人28号は当時の僕にとっては特別の存在であり、たとえブリキのおもちゃであってもこの上もない重要な宝物でした。その時、密かに彼に囁きます。"いつまでも君と一緒だよ"かくしてブリキのおもちゃを永遠に大切にすることを誓うのであります。

　もちろん、今は存在しません。あの宝物はどこに行ったのでしょうか。誓いどおり、大事に大事に扱っていたつもりでしたが、やがてゼンマイが切れ、手がとれ、ブリキが錆びて、もう使えなくなったのを知った母親が捨ててしまったようです。この僕の背信行為は許しがたいものですが、むしろ、大事に使っていても、まさしく消耗品のさいたるものですから、半世紀近くを経過した現在まで存在すること自体が考えにくいこ

とではあります。(あればお宝番組に登場です)

　昨日、大部分の子どもたちに新しい「習字道具セット」を配りました。手渡す時に子どもたちの顔を見ると、大事そうに嬉しそうに受け取ります。その顔はまさにあの"いつまでも君と一緒だよ"です。でも、いつまでも新しいままで一緒では困ります。

　以前、1年生を担任していた頃、図工の授業で粘土を使う時にきれいな四角形になって粘土箱に入っていた新品の粘土をどうしても崩してこねることが出来なくて、「先生、持って帰って家でやってきます」と言った子どもがいました。気持ちはわかります。しかし、「物を大切にする」ということは、ある意味ではボロボロになるまでそれを使い切ることでもあるように思えます。

　これから毛筆の授業が始まりますが、子どもたち、墨やすずりを大切に使い、そして、本当にボロボロになるまで使い切って欲しいと思います。

トラペジウム 3-9号

　若い黒人の男が南部のある町にやってきます。久しぶりの休暇を楽しむつもりで立ち寄った小さな町でした。しかし、いくら時代設定が現代といっても南部の町ですのでまだまだ黒人への偏見を抱いている人々が多く、彼は行く先々で奇異な目で見られます。おりしもその町で殺人事件が。真っ先に疑われたのがよそ者であるこの黒人であったことは言うまでもありません。地元の警官は有無も言わせず重要参考人として無理やり署に連行。何が何でも犯人に仕立て上げようとします。この警官、困ったことに輪をかけての黒人嫌い。彼が犯人と信じて疑いません。たいして大きな事件も起こらない田舎町でよく見かけるのんびりした恰幅のいいオジサンタイプの警官、あれです。容易に想像できると思います。しかも頑固。証拠なんかなくてもかまわない、とにかくどうしてもこの胡散臭い黒人を犯人に仕立て上げ、早く事件を解決しよう。そればかり考えています。

　ところが、この若い黒人の身元を照会してびっくりです。彼はニューヨーク市警の腕利きの刑事でした。しかも担当部署は殺人課です。バージルというこの若い刑事、本当に休暇でこの町に立ち寄っただけだったのです。この後におよんでも依然として半信半疑の"おじさん警官"、胡散臭さは消えません。しかし、彼のいくつかの重要な助言や研ぎ澄まされた鋭い推理によってこの事件の背景と全貌が見え始めるに至り、このおじさん、いつしか彼に引かれていくようになり、協力を仰ぐまでになるのです。そして、意外な真実とともに真犯人が明らかとなり事件は解決します。

　ここまで書くと映画に詳しい方(そしてそれなりのお歳の方)なら"ああ、あれね"とお分かりになるかもしれません。僕がこの映画で一番印

象に残っている場面はエンディングです。そのおじさんが彼の鞄を持って駅まで送るところです。あんなに毛嫌いしていた彼の鞄を持っています。そして、おじさん、汽車に乗った彼に一言、「Vergil thank you」。ごくありふれた単純な言葉ではありますが、後ろ上がりのアクセントで照れ隠しと感謝の気持ちが複雑に入り混じった何とも言えない心に残るセリフでした。

　このおじさん、ロッド・スタイガー(Rod Steiger)はこの年、1967年、この「*In the Heat of the Night*」(邦題は「夜の大捜査線」)とう映画でアカデミー主演男優賞を獲得しました。で、僕は当然このセリフが決め手になったと確信しています。勝手に思っていますが。

　ちなみに黒人の敏腕刑事はシドニー・ポワチエです。と、ここまで書くと「ああ、先生はきっと、礼儀や挨拶ってすっごく大事なの、ってこと言いたいんでしょ？」と思っちゃいました？。違います。

　人はよく先入観でその人のおよそを判断しがちです。じつは僕もその傾向が強い人間と言ってもいいかもしれません。でも、時間をかけて付き合っているとその人の意外な一面が現れ、よさも見え隠れしてきます。しまいには最初に抱いた印象とは全く大違いなんて人もいます。僕の旧友の一人もそうです。今、中国でせっせと仕事をしてます。人はだれでも長所もあれば短所もあります。子どもだってそうです。大事なことはそのよい面を見つけ出して、よいところを伸ばしてあげること、それを助けてあげることだと思っています。

　始業式の4月、一人一人に対して漠然とした第一印象を持ちましたが、この数ヶ月、クラスの子どもたちといろいろな場面で接し、最初の印象とだいぶ違う面が見え始めてきた子どもたちも出てきたのがとても興味深いです。

トラペジウム 3-10号

　　ドイツとフランスの女の子が会話をしています。何かお互いの自慢話のようです。

独女：わたしの国はとてもいい国よ。昔は同じドイツ民族だったのに、戦争があったために、東と西のふたつに分かれいて不自由な思いをしていたの。でも、また一緒になって平和な国になったわ。それまで離れ離れになっていた家族もまた一緒に生活できるようになったの。すごく喜んだそうよ。みんな一生懸命仕事するし、勤勉だし、わたしの国、大好き。わたし？わたしは体操をやっているわ。今、跳馬の練習をやっていて半回転が出来るようになったわ。コーチも随分上達したねと言ってくれたの。絶対にオリンピックに出るつもりよ。

仏女：ふ〜ん、あなたってすごいわ。でも、わたしの国も素敵よ。わたしの国はワインが有名なの知っているでしょ。収穫の時期は子どもも大人もこぞって葡萄畑に出るわ。わたし、取れたての葡萄を見ながら、"誰にも負けない世界一のワインを作るぞ"って心に誓うわ。わたし、そういう農家の娘に生まれてとても誇りに思っているわ。わたし？わたしは今、恐竜や化石の勉強をしているわ。将来は考古学を専門に教える先生になるつもりよ。

　　先日、学級会の司会をしてもらう議長、副議長および書記を決めました。やる気のある人がいいな、ということでまず立候補を募りました。どの役も多くの子が元気よく手を挙げてくれました。みんなやる気満々です。誰にやってもらってもかまいませんでしたが、でも、それぞれ一人に絞らなくてはいけません。そこで、こう言います。

　　「立候補したみなさん、やる気は伝わってきて先生も嬉しいです。でも、

どうして立候補したのかその理由を教えてください。つまり、みんなに自分の考えが伝わるようにいっぱいアピールをしてください」。
　すると、「え〜」と言う声が上がり、とたんに手がパラパラと下がっていきます。「むずかしい」、「できないよ〜」と言う声も。
　上述した二人の女の子の一連の会話は何年か前に新聞の記事で読んだ内容を記憶に従って再現したものです。その記事の解説にはこんな一説も。
　「およそ、日本人は自分を主張したり、自慢する習慣がない。これは古来から面々と受け継がれてきているいわゆる"伝統的な日本文化"に起因していることは否定出来ないだろう。しかし、この奥ゆかしい伝統文化、これからの国際化の時代の波に呑み込まれなければよいのだが…」。
　この女の子たち、本人たちにとってはごく自然な会話をしているという訳ですね。自分の国のよさもよく理解しています。
　自分を堂々と主張し自慢(行動がともなわなければいけないのはもちろんですが)できる人間、日本人にとって、これはこれかれからの日本の存続を左右しかねない極めて不可欠かつ重要な課題であると言っても過言ではないのでしょう。
　そんな中、何人かの子どもたち、つっかえ、つっかえではありましたが、一生懸命にやりたい役のアピールをしていました。二人の女の子たちのような会話が"堂々と普通"に出来る子どもたち、魅力です。

トラペジウム 3-11号

　先週の土曜日、ある会合があって永田町に行ってきました。西武新宿線で西武新宿駅まで行き、地下鉄丸の内線に乗り、赤坂見附駅まで行き、そこから歩きます。じつはこのコース、僕が新宿(四谷)に勤務していた時に使っていたルートでした。もう、20年以上前のことになります。丸の内線に乗った時、懐かしいなと思いましたが、「あれ？」と思ったことがひとつありました。

　ところで、本校は今年度から「経済産業省資源エネルギー庁」が主催となって推進している「エネルギー教育」の実践指定校に認定されました。今年度から3年間です。本校は太陽光発電を行っており、グリーンカーテンなどにも着手しています。全校児童でいわゆるエネルギーについて考え、具体的な学習を実践していく場は整っているのではないかと思われます。現時点では明確な成果は押し図ることはできませんが、本校においては十分意義のある教育実践になるものと考えます。で、じつはこのある会合というのは、その指定校になった学校を対象としたオリエンテーションでした。全国各地から認定された小・中・高の学校が56校ほど集まりました。

　その日の内容は「エネルギー教育の基礎を学ぶ」や「エネルギー教育の多角的アプローチの方法を学ぶ」などと題した座学やワークショップがありました。ワークショップでは①「光電池でゲームを作ろう」②「風状マップを作って発電所を作ってみよう」③「地域にあったバイオマス発電を考えよう」④「窓の遮断効果を実験しよう」⑤「食のエネルギー教材を作成しよう」⑥「家庭の省エネゲームを作ってみよう」などの6つのグループに分かれて実習を行い、子どもたちへのさまざまな学習方法を考えました。発表や質疑応答ではいろいろな意見が出され、よい勉強になりまし

た。ちなみに僕は⑤の「食のエネルギー教材を作成しよう」に参加しました。その時の細かい様子はまた、次の機会に。

　帰りはまた、丸の内線で帰りましたが、今朝ほどの違和感を再び感じました。僕が通っていた頃の丸の内線は赤い色の古い形式の車両が特徴で、冷房車などなく、夏は車両内が暑かったことを覚えています。しかし、これは意図的に営団地下鉄がやっていたことらしく、当時の丸の内線の広報によると、「車内冷房をするとトンネル内はその影響でおよそ5℃ほど上昇する。これは路線の安全管理上問題があり、不慮の事故が発生する可能性が高い。したがって、本線は駅内冷房およびトンネル内冷房に努めている」と言うのです。しかし、いくらこのような冷房の仕方を徹底したところで、長い路線上を完璧に適温にすることなど限界があります。所詮、開かれた窓から車内に吹き込んでくる風は生暖かい風でしかありませんでした。それでも、他の地下鉄が冷房車にどんどん切り替わっていく中、なぜかこの丸の内線だけはかたくなにこの「駅内冷房」や「トンネル内冷房」にこだわりをもっていたようです。だから当時からなんとなくこの丸の内線は気に入っていたのです。

　その当時のことを思い出した時、僕が感じていた違和感とはこの車両のことだと気がついた次第です。いつからこうなったのかは知る由もありませんが、来る電車、来る電車、どの車両も冷房車です。しかも当然駅構内も冷房が効いています。
「がんばっていたのにね・・・」
思わず口にすると
「ニーズには勝てないさ」
と同行してきた先生がポツリ。エネルギー教育の講習を受けてきた矢先でしたのでちょっと複雑。

トラペジウム 3-12号

　今、国語で「きつつきの商売」を学習をしています。その前のページにきれいな透き通るような森の写真があります。きっときつつきたちはこんな自然がいっぱいの森の中で生活しているのでしょう。見ていると心の中がひんやりとしてきてとても落ち着いた気分になります。きっとこれは森林が本来的にもっている地球上の全ての生物たちへの一種の"贈り物"のような気がします。「植物って酸素を出すんだよね」と言ったSさんの言葉を受けて、ちょっと脱線。「ちゃんと聞く？」、「聞く、聞く」。

　2050年には地球の人口も100億人を超えるということです。すると地球は人間であふれてしまう、したがって、新天地を求めることになる、新天地はどこか、地球があふれているのなら宇宙に目を向けるしかない、で、この地球から一番近い惑星、火星です。

　ここまで話すと子どもたちの目は光り始めます。子どもって、もともと「宇宙の話」は大好きなのです。「え〜！、どうすんの？」、「どーやってすむの？」と矢継ぎ早に質問がとんできます。

　火星は太陽系の仲間で、地球のひとつ外側を周る地球と同じ"地球型惑星(地面がある)"です。かつては地球同様、水も豊富にありました。しかし、地球のひとつ外側を周っていて、太陽から離れているという理由で、今や完全に冷え切り、豊富だった水はやがて氷となり地下深くに沈み、北極と南極の両極にドライアイスが存在するのみとなったのです。しかし、幸運なことに火星には地球と同様に、成分は全く異なりますが大気が存在します。つまり、地球の月のように引力が弱く、地表の空気が宇宙のかなたに逃げていかないのです。そこに目をつけた科学者たちは、火星の大気の組織を変えようと考えた訳です。テラフォーミング計画と言われるものです。まず、

①火星の両極にあるドライアイスを溶かす。
　→火星の陸地に地表を暖めることが出来るような施設を建設したり、火星の周回軌道にとてつもなく大きな反射鏡をもつ人工衛星を打ち上げ、太陽の光を反射させて南北両極のドライアイスを溶かします。
②これを途方もない時間をかけて継続する。
　→ドライアイスは溶けると二酸化炭素が発生します。これを長期にわたって実行すると火星の大気はやがて二酸化炭素に満たされ始めます。つまり、今、問題になっている地球温暖化を火星で行うのです。"火星温暖化計画"です。
③そして機を見て地球から植物を運び込む。
　→おもに植林が中心です。森林をたくさん作れば作るほど酸素がより多く供給されます。寒さに強い木が理想的。
④火星表面に十分な酸素が満たされた後に人類登場。
　→徐々に地球から人間が移住します。都市を造ります。文化を創ります。

　ま、これを3年生にも何とか分かりやすく黒板に絵などを描いて説明しましたが、ほとんどの子は口を半開きにして聞き入っていました。まるで自分たちが行けると思っているかのようです。無理、無理、1000～2000年単位の話ですから。(もっとかな？)
　じつは、このテラフォーミング計画、識者でも意見が分かれるところです。「我々人類が宇宙の法則を変えてまで生き延びる権利があるのか」、「いやいや、我々は"知的生物"という宇宙で選ばれた存在なのだ、この宇宙の中で生き延びて宇宙の真理を追究する義務があるのだ」。きつつきからとんだ話になりました。

トラペジウム 3-13号

「フリーダム7」「リバティベル7」「フレンドシップ7」「オーロラ7」「シグマ7」「フェイス7」そしてもうひとつ「オリジナル7」。

1975年7月、地球上の宇宙空間で画期的な出来事がありました。旧ソビエト連邦が誇る宇宙船「ソユーズ」と人類史上初めて月面探査を成し遂げたアメリカの「アポロ」がドッキングに成功、地球周回飛行をしたのです。正式には「アポロ/ソユーズ・テストプロジェクト」といわれるものです。これまで国の威信をかけて両国がしのぎを削ってきた宇宙開発競争にひとつの終止符を打つ瞬間であり、極めて意義のある"偉業"ということができます。月という目標を達成したその時点において、先を越されたソビエトはもちろんですが、アメリカにとっても次なる目標を模索していかなければならくなりました。そこでこれからは無意味な巨額な資金を投じるような"競争型"から"協力型"へと方向転換をしたという訳です。もともと双方とも規格の違うカプセルですからドッキングをするに当たってはいろいろな話し合いや歩み寄りがあったものと思われます。ドッキング後、両国の飛行士たちがソユーズのカプセル内で固く手を握り合っている姿が中継されました。その中に、ドナルド・スレイトンという年配のアメリカ人飛行士の姿がありました。

じつは彼はマーキュリー計画(一人乗り宇宙船：1958～1963)と言われるアメリカ初の有人宇宙飛行計画における栄えある第一期生の7人のメンバーのうちの一人だったのです。このマーキュリー計画は次のジェミニ計画(二人乗り)、そして最終段階のアポロ計画へと繋げる出発点ともなる重要な有人飛行計画です。

しかし、彼はこの一連の月面探査計画でとうとう1回も飛ぶことは出来ませんでした。同期の一期生の中には、ジェミニ計画にもアポロ計画

にも参加し、月に行った飛行士も何人かいます。では、彼は何故飛べなかったのでしょうか。

　彼は「オリジナル7」という宇宙船でアメリカ人で4人目の宇宙飛行士になるはずでした。最初に連ねた最後に「7」が付く宇宙船たちです。名誉ある一期生に選ばれた7人にちなんで名付けられたと言われています。不幸は飛行直前の健康診断の時に起こります。ほんの僅かでしたが、彼に不整脈が認められたのです。始まったばかりの計画でしたので大事をとって彼の飛行計画は中止となります。こうして「オリジナル7」は幻の宇宙船となったのです。

　その後、スレイトンはNASAで宇宙飛行士の束ね役、飛行士とNASAのパイプ役として重要な地位を占めます。しかし、彼はそれで満足したでしょうか。

　答えはNOです。彼は宇宙に行くことを決してあきらめませんでした。アポロ17号で月面探査計画が終焉しても彼は依然として宇宙の彼方を見上げ、いつか飛ぶ日を待ち続けました。この日は彼にとって幼い時からの夢がようやく実現した記念すべき日となったのです。1993年、癌により69歳で他界。

トラペジウム 3-14号

　アオムシコマユバチはモンシロチョウの幼虫(青虫)に卵を産み付けます。やがてこのハチの卵は青虫の体の中で孵化し、彼らの体の中で脂肪や体液を養分として生き続けます。この時、不思議なのですが、決して彼らの神経や筋肉は蝕みません。もし、それらまで蝕んでしまうと、青虫自身が死んでしまい、自分たちも運命を共にしなければならなくなるからです。どうしてこの生まれたばかりのハチの幼虫たちに食べていいものといけないものを判別する能力が備わっているのでしょうか。

　通常、青虫はある程度成長し、さなぎを作る時期になると、いわゆる"首振り"という動作をします。さなぎを作る虫たちの独特の動作です。しかし、このハチの幼虫に蝕まれている青虫はこの"首振り"をしません。このことを少しでも理解している人ならば、この時点ですでに手遅れであることを悟り、青虫に同情するしかありません。

　やがて、成長したハチたちが青虫の体を破り、外界に出てきたときには青虫の体の中の栄養分はすっかりなくなっていて一気にしぼんでしまうのです。でも、神経や筋肉がまだ生きていますので、少しの間はピクピクと身体を動かし、一時的に身体も元通りに膨らむといわれています。それにしても、このアオムシコマユバチ、モンシロチョウの青虫にとっては厄介な天敵です。何故、数mmという極小の青虫をキャベツの葉の隙間から見つけ出すことが出来るのでしょう。

　ところで、キャベツにとってみればモンシロチョウはこの上もない厄介な天敵です。せっかく葉を出し、青々と何枚もの立派な葉を重ねながら成長して行こうとしている矢先に卵を産み付けられ、なすすべもなくその葉を蝕まれていくのですからたまったものではありません。事実、青虫に食べつくされたキャベツ畑は無残な姿と言うしかありません。

そこでこの無抵抗なキャベツは青虫が食べた際に発する自分の葉の汁の臭いをむしろ積極的に広範囲にわたって漂わせ、アオムシコマユバチを呼ぶのです。アオムシコマユバチはこのにおいに本能的に反応するようになっているので青虫を見つけ出すという訳です。一見、青虫にとっては残忍なアオムシコマユバチではありますが、キャベツにとってはずばり救世主なのです。
　「きつつきの商売」のところで脱線して火星の話とともに、ついでに生命(食物)連鎖の話も少ししましたが、こんな身近なところにも小さな鎖が成立しています。まさに、人間の社会と無縁な世界で起きている自然界の不思議です。
　先週の土曜日に、府中にある東京農工大学へ行き、蚕の卵をいただいて来ました。この観察も始まります。子どもたちには桑の葉が必要なことを告げてありますが、近くにあるでしょうか。

トラペジウム 3-15号

およそ大きな病院には霊安室という部屋があります。不幸にも治療の甲斐なく、あるいは、不慮の事故で他界された方のご遺体をご遺族にお引渡しするまで安置しておく部屋のことです。しかもこの霊安室、何故かたいてい地下にあります。この病院にも当然あります。地下です。

知人がこの大きな病院の小児科の先生をしていますが、ある宿直の夜のこと。宿直とは救急の患者の応急処置をしますが、ちょっと、地下室の薬剤庫に用事があり夜中の 12 時頃に降りていきました。でも、あまり気が進みません。理由は薬剤庫の隣の部屋が霊安室だからです。いかに医者といえどもさすがに夜の霊安室の前を通るのは気が進みません。で、行ってみますと、霊安室の扉が少し開いています。不審に思った先生、そっとその重い扉をさらに開いて奥を見回します。3 台ほどベットがあります。よく見ると一番奥のベットにシーツがかけられ人型に形が出来ています。つまり、どなたかお亡くなりなったということです。「しかし、まてよ」とその先生。「今日、そのようなご不幸があったかな・・・」早速その先生、看護士室の患者記録簿を調べます。「いないよなぁ」、同じ宿直にあたっている外科の先生も怪訝そうな顔をして記録簿を覗き込みます。「・・・もう1回行ってみる？」二人一瞬躊躇しますが、「なんかの間違いだよ、きっと」、「ありえないよな」と、妙に励まし合って行くことに。

地下に行くと「おや、また、扉が半分開いている、さっきちゃんと閉めたはずなのに」二人、顔を見合わせ部屋の奥を恐る恐る覗き込みます。見ると3台のベットとも空いているではありませんか。部屋に入り、ベットのそばまで行って確かめたりもします。「なぁ〜んだ、やっぱ、見まちがい？ ハ、ハ、」二人は部屋を出ようと扉に向き直ります。次の瞬間、

地下室中に響きわたる大きな二人の叫び声・・・。
　・・・ってな話を昨日の2時間目の始めにちょこっとしてあげました。またしても、子どもたちの口は半開きで、目が爛々としています。そうなんです。子どもたちは「宇宙の話」と同じぐらい「怖い話」も大好きなのです。「せんせ、それって、ほんとにあった話？」、「もちろん」(嘘ばっかし)「すっげ〜、コエ〜」なんて言う子もいましたが、昨夜は子どもたち、一人でトイレに行けたでしょうか。

トラペジウム 3-16号

　先日、シャワーも済ませ、プールに入って指導を始めようとした矢先の4年生が「光化学スモッグ注意報」の発令で水泳が中止になりました。正味10分程度の出来事だったそうです。どうせ入ってしまったんだからもう少し泳がせてあげたいと思うのが人情ですが、そこでこんな話。

　1967年1月27日の夕方のことです。場所はケネディ宇宙センターのアポロ宇宙船発射台。この日、2月21日の打ち上げにそなえて3人の宇宙飛行士は発射台に据え付けられたカプセルの中にいました。グリソム、ホワイト両空軍中佐、チャフィー海軍少佐の3飛行士はいつものように地球周回飛行のシュミレーションを遂行していました。グリソムは先のマーキュリー計画(1人乗り)やジェミニ計画(2人乗り)に参加し、すでに2回の宇宙飛行の経験を持ち、ホワイトもグリソムと組んでジェミニ4号に搭乗し、アメリカ人初の宇宙遊泳に成功したベテランの宇宙飛行士です。もし、このフライトが成功すればアメリカ初の3人乗り宇宙船「アポロ1号」の誕生とともに月への着陸を目的とする「アポロ計画」が本格的に軌道に乗り、故ケネディ大統領が断言した「60年代に人類を月に降り立たせ、無事地球に帰還させる」という壮大な構想を具体的に推進させることが可能となります。これは言うまでもなくソビエト(旧ソビエト連邦)に一歩先んじることを意味します。アポロ計画は桁違いの膨大な費用を費やしたまさに国の威信をかけた一大事業でした。

　カプセル内と管制室とのフライトに関するやり取りが続いています。そんな会話の最中に「おい、なんか焦げ臭くないか」と何げなくグリソムがチャフィーに話しかけました。想像を絶する事故はその僅か数秒後に起きました。カプセル内は一瞬のうちに火の海となり、火柱が轟音とともにハッチを突き破り10m程に達しました。3人の宇宙飛行士は狭いカ

プセル内で一瞬のうちに犠牲となったのです。

　ある計器のショートがそもそもの原因でした。でも、ショートぐらいで何故このような惨事が起きたのでしょう。犯人は「純粋酸素」です。少しでもカプセルを軽くしようと船内を「純粋酸素」で満たしていたからです。本来は地球上の空気の状態とほぼ同様にするのが自然ですが、それではカプセルが重くなるのです。つまりそれだけの推進力を備えたより大きなロケットが必要になり経費もかさみます。これらのことを考えてＮＡＳＡはある程度のリスクを承知の上で純粋酸素を選択したのです。しかし、純粋酸素はわずかなショートで発生する火花でさえも燃焼力を強力に助長させることは明らかです。目的を達成するためには多少のリスクは覚悟する、これがこのような愚かな結末を招いたのです。人類の夢を託したアポロ計画は大幅に延期せざるを得なくなったことは当然です。

　全ての事故は"環境"、"服装形態"、"作業や行動"および"心身の状態"の4種の「潜在危険」(未成熟の事故)の絡まり合いによって発生するとされています。事故防止に当たっては、この潜在的な危険をいかに顕在化するかにあり、危険を危険として明確に把握しておくことが重要です。したがって、事故にはいわゆる不慮の事故とか当然の事故などないはずであると主張する識者もいます。上述したカプセルの事故は明らかに顕在危険が原因であり、すでに論外です。本校も事故防止のために定期的に学校の各所を回りながらみんなで安全点検を行っています。

　4年生、ま、仕方がないでしょうかね。

トラペジウム 3-17号

　6月25日は個人的には忘れられない「記念日」であります。
　3年前のことです。前任校に勤務していた頃です。毎年、ちょうどこの時期は学校対抗の先生方のバレーボール大会があります。バレーボールはいいですね。みんなでワイワイできます。技も勿論ですが、我々のような専門家でもない人間がチームを作ってやるのですから、なんと言ってもチームワークです。しかも、この年は過去にないメンバーの充実ぶりもあり、順調に勝ち進んでおりました。
　あれよあれよと勝ち進み、ベスト4までいきますと、市の総合体育館に場所を移して決勝大会が行われます。つまり決勝トーナメントに臨んだのです。さすがにここまで勝ち進んできた学校です。相手の学校も強力です。準決勝からスパイクやレシーブの応酬でさすがに苦しいセットの連続でした。若い先生たちが中心にガンガンとレシーブをあげ、バシバシとスパイクを打ちます。そして、ついに決勝に進出。これもフルセットにもつれ込んだ苦しい試合でしたが、とうとう、最後の1点をもぎとり、優勝したのです。これは快挙であります。みんなで健闘を称え合いました。その夜の"祝賀会"も盛り上がったのは当然であります。素晴らしい記念日となった訳です。僕も当然みんなと一緒に盛り上がりました。？・・・、いえ、いえ、僕はその場にはいませんでした。僕はどこにいたのでしょう。
　病院です。第一試合の準決勝。相手が鋭くあげたサーブを「OK！」と爽やかな声を上げて2〜3歩下がりながらレシーブをした瞬間、右足首で「バチ〜ン」という音がしたのです。まるで誰かに不意に後ろから突き飛ばされたような衝撃とともに床に倒れ込みました。ちなみにレシーブは美しくあがりました。試合開始およそ1分後の出来事です。右足首が

ジンジンしています。あ、これが例のあれ・・・。応援をしていた一人の先生に付き添ってもらい、すぐに自宅ちかくの病院へ行きました。

　ちょうど宿直だったその病院の先生、個性、強過ぎです。オ、また、誰か来たぁ？みたいな顔をして、開口１番「おめでとうございます。手術は明日の土曜日ね」です。「バレー？、ふ〜ん、よくあるんだよね」。で、ちょっとカチンと来たので「あのですね、どうして毎日走って運動している僕みたいな人間がこんなに簡単に切っちゃうんですか！」と抗議すると「ハハ、だって、老化だもんしょうがないじゃん、老化」ですって。３ヵ月の入院は覚悟しましたが、「入院？いらない、いらない、月曜から学校行っていいよ。その代わりそっちの足を突かないでね」(って、当たり前じゃないですか)え？ほんと？信じられない。すごい"お医者様"。すでに９月末には宿泊学習の引率に参加、１０月には遠足で高尾山を登っていました。６月２５日は「右アキレス腱完全断裂記念日」です。バレーボール、関係ないです。

トラペジウム 3-18号

　そういえば、冬季オリンピックの競技に「スピードスキー」という競技があったはずです。最近の新聞のスポーツ面でちらほらと冬のスポーツの記事が出始めたので思い出しました。何回か前の大会で見た記憶があります。ただひたすら急勾配の直線コースをスキーで滑り降り、そのスタートからゴールまでの所要タイムを競い合うという極めて単純な競技です。技なんか皆無(と、思います)。ストックを抱えてただひたすらじっと前傾姿勢を保ち、そのままゴールに突っ込むだけです。しかし、これがブットビなんですよね(あ、まずい、不適切な言葉を)。

　僕はたまたまその時のオリンピックの中継を見ていましたが、なんとも形容しがたい恐怖感を覚えました。そのいでたちがまず常軌を逸脱してます。ぴったりと身体にはりついたウェアー、後ろがとがった流線型のヘルメット、2m 以上もあるスキー板、じつはこれらはそのどれをとっても限りなく早いタイムを勝ち取るためのアイテムに他ならないのです。選手の平均滑降速度は時速 200km にも及ぶとのこと。

　まずですね、どうしてこんな競技をわざわざ創らなければならないのか、そして、どうしてこんな競技に興味を持つ選手がいるのかということです。聞くところによると、世界記録は 250km を超えているそうです。人間が新幹線なみの速さで滑り落ちてきてど～すんですか。僕は、この中継を唖然として見ながら"この人たちは一体何を考えているんだろう"と思ったものでした。250km ですよ。この選手たち、到底我々には理解できない何か独特の競技観・スポーツ観を持っているとしか言いようがないのであります。確か、その大会の時も練習中の選手が整備用の除雪車に激突して死亡したことを覚えています。

　いつの大会だったかな、と記憶を辿っていくと判明しました。アルベ

ールビルで行われた冬季オリンピックで"公開競技"として開催されたとのこと。僕はこれを見たのでした。しかし、そんな不幸な出来事があったためか、危険性が高いスポーツとしてその後はオリンピック競技から除外しまったとのことです。いろいろな競技があるものです。でも、ちょっとナマで見てみたい気もします(じつは本音)。目の前を通過する音がもの凄い音なんだそうです。2組のだれかやんない？

トラペジウム 3-19号

　昔、二男坊が保育園通いをしている時の話です。送り迎えは僕の担当でした。その朝もいつものように彼の手を引いていつもの道を歩いていました。いつもの道というのは、家のすぐ横の道のことで昔からの古い畑道を舗装した道です。この道にはひとつ路地がつながっています。その路地からこの道に左折をするとこの畑道の先にある大通りへすぐ出られることになり、その大通りを利用するドライバーにとってはこの畑道、とても都合のよい道という訳です。いわゆる裏道です。しかし、この裏道、難点がいくつかあります。まず、昔、畑道だったことから①道幅が極端に狭い。次に運が悪いことに、その角には②太い電柱が立っている(しかも、左側)ということです。つまり、路地から畑道に出るために左折しようとすると相当慎重に運転しないと曲がりきれないということです。この左折が如何に難度の高い技なのかは、その電柱に何色もの車の塗装のこすれた後を見れば一目瞭然です。色とりどりです。

　で、その朝も1台の赤い車が左折を試みてその電柱にガリガリと音を立てながら立ち往生していました。このような状態ですと、狭い道ですから我々は通り抜けることが不可能です。どうしたものかと思いながら「ガリガリ」の光景を眺めていました。二男坊も初めて見る光景ですから(口をポカンと開けて)興味津々で珍しそうに見ています。

　しばらくすると、中から運転手が出てきました。見ると若い主婦らしきご婦人。きっと、ご主人か子どもを駅まで送りに行った帰りにこの裏道を利用しようと思い付いたのでしょう。でも頻繁に運転をしていないのが裏目と出たのでしょうか、計画は大失敗です。相当困り果てた顔をしています。ご婦人、僕の傍に来て「すいません。運転代わっていただけないでしょうか」です。ギブアップ状態という訳です。一瞬、唖然としま

したが、僕も急いでいましたから、「わかりました」と返事をして、運転席に座りました。そして、いざ運転しようとギアー見て「あ」。オートマチック・・・。運転歴は大学時代からですが、じつは僕はオートマチックは運転した経験が全くありません。現在もです。理由は嫌いだからです。なんかオモチャみたいで、マニュアルの方が車と一体感が持ててなんて言っちゃって、ずっとマニュアル車です。「すいません、僕、オートマは運転できないんです」。今度はご婦人が唖然です。信じられないという顔をしています。「で、でも簡単ですから・・・」。結局、傍で運転の仕方を教えてもらいながらやることに。ここの場面だけを見た人は何とも不思議な光景に映ったことでしょう。初体験でしたので、電信柱から離れる時にまた少しガリっとやりましたが、何とか畑道に左折することができました。「本当にありがとうございました」と何回も頭を下げるご婦人。遠ざかって行く赤い車とまた新しい色が付けられた電柱を見ながら"ほんとによかったのかな"と。ここで初めて二男坊が僕の顔を見上げて一言。「パパ、今日はいいことしたね」って、ん〜、複雑・・・。

トラペジウム 3-20号

　明けましておめでとうございます。新しい年を迎えました。今年の東京は天気も穏やかで暖かく過ごしやすかったですが、保護者の方々にはいろいろな場所で、様々な思いをもって新年を迎えられたことと存じます。僕も気分を新たにして3学期に臨みたいと思っております。どうぞ今年もよろしくお願いします。僕は今年の冬休みはさしたる所にも行かず家でのんびり過ごしました。

　でも、今年の冬休み、この歳になって初めての経験をしました。およそ除夜の鐘なるものは、コタツでぬくぬくと温まりながら聞くものとばかり思っていました。今年も家のすぐそばにあるお寺の鐘を聞きながら、年を越そうと思っていました。でも、ふと、一体どんな人たちが撞いているのかと考えてしまいました。で、三男坊の中学生の「行けば撞かしてくれるんじゃないの」、という一言を聞いて、もう、猛烈に鐘を撞きたくなってしまったのです。40年以上もこの地に住んでいますが、こんな気持ちになったのは初めてです。

　「ああ、言うんじゃなかった」と後悔している三男坊(それこそ、コタツに入ってテレビを見ていたい子)を強引に連れて家を出たのが11時40分。います、います。同じような人々。即席で用意された大きな石油ストーブを囲みながら、めいめい雑談をしています。境内の傍には、お寺の人たちがテーブルを出してすでに甘酒を用意しています。どんどん人が増えてきます。気がつくと人々、1列に並ぼうとしています。僕もつられて列の中に入ります。「オー、何でいるの！」と三男坊が興奮した声を出しています。同じ年恰好の集団と話がはずんでいるところを見ると、同級生のようです。やはり鐘を撞きに来たとのこと。何だ、結構楽しんでるじゃん、と思って見ていると、お寺の人が鐘を撞く番号札、つまり

108枚の番号札を箱に入れて持ってきます。1列に並んだ人たちが、くじを引く要領で一枚ずつひいていきます。僕は43番でした。三男坊は早く帰りたい祈念が通じたのか3番をひきました。12時5分前くらいからでしょうか、1番の人から撞き始めます。順番を待ちながら鐘を撞く人たちをそれとなく眺めていると、みんな思い思いの撞き方でそれぞれの一年を振り返っているのがわかります。毎年この場所でこんな場面が繰り返されていたのかと思うと、新しい世界を知った感じがしてとても新鮮な気持ちがしました。

　我が子は早々と鐘を撞くと、お寺の人から貰ったみかんをポケットに突っ込みダッシュで跳び帰って行きます。僕が鐘を撞いた時はもう年が明けていました。"いつにない年の迎え方をしたな"と、貰ったみかんを眺めながら家路に向かいました。

　翌元日の午前中には、今度は15分くらいのところにある神社にお参りに行きました。おみくじは「大吉」でした。でも、3年前に大吉を引いて、アキレス腱を切った時のことを思い出したのであまり喜ばないようにしました。やはり3年前に友達が「大凶」を引いて宝くじが当たったのもついでに思い出し(何等かは絶対に教えてくれない)、おみくじなんてあまり当てにならないなと。(でも、ま、それなりに期待しよっかな)

トラペジウム 3-21号

　昔、長男（今度は長男の話）がまだ保育園の頃、二人で近くの大きなスーパーに買いものに行った時のことです。売り場ではちょうど、ナマハゲのセレモニーをやっていました。オニになった二人の男性(きっと、アルバイト)が、"わるい子はいねーか、わるい子はいねーか"と売り場をデモンストレーションしていました。「ここにいま〜す」と繋いでいた長男の手を挙げたら子どもに大泣きされました。大人にとっては軽い冗談のつもりでしたが、子どもにとってはこれは一大事です。本当にオニに食べられてしまうと思ったに違いありません。

　2月3日は節分。わが子たちが小さい頃、3日が近くなると、「ね、今年もやってくれるんでしょ？」とか「お面、どこ？」なんてうるさく聞いてきます。子どもたちが小さい時は「オニは〜、しょと」「ヒュクは〜、うち」なんて豆をかわいく投げていましたが、小学校に入学し始めるとだんだん身体に当たる豆も痛くなってきて、わざとやってるんじゃないかなんて思ったりして、"もう、やんないよ〜だ"宣言をしてしまいました。「そんなこと言わないでやろうよやろうよ」としつこく食い下がるので、「ふん、じゃぁ、交代制ね」ということになりました。つまり、豆をぶつけられる機会を平等にしようということです。これには子どもたち、やや逡巡しましたが、結局そういうことに。

　しかし、さすがにオニという役は人気がなくてですね、いつしかこの行事も自然消滅してしまい、今は豆を食べるだけになりました。

　で、この豆なんですが、縁起を担いで歳の数だけ食べることになっています。でもこれ、微妙。若い時は気にもしなかった豆の数。僕は1月生まれですので節分にはすでに歳をとった数を食べます。些細なことではありますが、徐々に食べる数が増えるにつれ、こだわるようになって

しまいました。たかが一粒ではありますが、されど一粒なのあります。もう誰がオニになるかなんてたわいもない世界の話ではありません。今年もつい最近増えた数を食べることになる訳です。

　でも、そんな"深刻な悩み"をよそに傍らで豆をバリバリと数に関係なく食べている子どもたち。お、長男の姿も。(ん〜、無神経な奴)ナマハゲで泣いてたくせに。それにしても節句の行事、いろいろあって味があります。

トラペジウム 3-22号

　高校時代の保健体育の先生が面白くて、今でも時々思い出します。体格がよく、大雑把で(僕みたい)大きな声が特徴で遠くにいてもその存在がよくわかります。専門はバスケットだったでしょうか、バレーだったでしょうか、その辺の記憶は定かではありませんが、友達とよく教官室に遊びに行くと、屈託なく話をしてくれました。

　今でも忘れられないのが、2年生の保健の授業です。どのような成り行きでそのような話題となったのか忘れましたが、「すべてのスポーツの中で瞬間的に一番素早い動きをするスポーツは何だ」と先生が問うのです。正確に言うと「どのスポーツの、どの場面か」です。始めのうちは、また、いつものように何か"オチ"を考えているなと思っていましたが、まんざらそうでもなく、真剣そうです。いつもの意地悪そうな顔つきは変わっていないのですが、それが逆にこちらとしてはだんだんといらいらしてきます。何だろう、何？とクラスの中もざわついてきました。

　「サッカーのシュートの時だと思います」友達のひとりが答えると、先生はニヤっとしながら首をよこに振ります。「バスケットのフェイントで相手をかわす瞬間です」先生の首はまだ横を振ります。そんなことどうでもいいような気がしていた僕ももう夢中に考えています。何だ？、何？、ボクシングのストレートを打つ瞬間？、100mのスタートダッシュの瞬間？、打者がバットをスウィングする瞬間？、テニスのサーブ？、卓球のスマッシュ・・・次々に手が挙がりますが、どれもみんな違うようです。先生、もう得意そうな顔をしています。

　結局、みんなが降参したので、先生、答えます。クラスの第一声は「へ〜〜」。確かにそう言われれば、そんなような気もするけれど、ホントかな。すると、先生、自信を持って言います。「どんなスポーツのどんな場

面でもこの動きの素早さに勝るものはないのだ、この一瞬の差で勝敗が概ね決まるといっても過言ではないからね」。しかし、先生、どうやってそんなこと調べたんでしょう。そもそも、何でそんなこと、知っているんだろう。よっぽど自信ありげに言うのですから、確かな証拠があるに違いありません。僕としてはいまだに半信半疑です。その先生、今はもうとっくに定年を迎えて、きっと、どこかでそれをテレビで見ながら楽しんでいることでしょう。相撲のたちあいの瞬間。ホントかな・・・。

トラペジウム 3-23号

　もう20年以上も前の話です。「先生〜、電話ですよ〜」同僚の先生。
　職員室で仕事をしていた僕に電話がかかって来ました。時計を見ると夜の7時を過ぎたところです。今頃？、誰から？やっぱり、他の仕事をしていた若いその先生も怪訝そうな顔をして受話器を僕に渡します。
　それにしてもうっとうしい雨です。しとしと、しとしと。今日は朝からこんな調子で降っています。普段の日の雨ならどうということもないのですが、今日は特別にイライラしています。
　最近の天気予報は本当によくあたります。じつは、今日は僕が担任をしている学年(2年生でしたね)の遠足の日だったのです。半分以上はあきらめていたのですが、それでも、予報を覆して晴れることもある、なんて思いながら朝起きたのが、このイライラの始まりです。やっぱりこういう行事は1回で終わるのが一番。
　子どもたちは、「ね、ね、今度いつになるの？」とか「今度雨だったらどうなるの？」とか、もう、うるさくて、うるさくて。したがって、子どもたちの集中力も途切れがちになるのも仕方がないなと。でも、それとこれとは別の話。一発説教を。
　「あのね、君たちね、それは今日はみんなは遠足、楽しみにしていたことはよ〜くわかります。でもですね、この状況を見ればわかるでしょ？行けないこと。だめなものはだめなのね。行けないの！わかった！やることやって！」もう半分ほどキレかかっております。
　で、先ほどもその若い先生に聞き分けのない子どもたちの話を聞いてもらっていた訳です。「ホント、そりゃぁさ、子どもたちの気持ちもわかんないことはないよ。でもさ、やることはやんなきゃな」なんて・・・。
　・・・ハイと渡されて、話をしようとすると、何やら受話器の向こう

から幼い子どもの泣き声らしきものが。「ハイ、もしもし」、「あ、おとうさんですか？○○保育園です」、「ハイ？」、「今日のお迎えはお父さんと聞いていましたが、まだ職場なんですかぁ？」(あ、しまった！今日は僕の番だった！)「みなさん、とっくに(確かにとっくにといやみっぽく言った)お迎えに来ましたが、お宅のお子さんだけね、まだいますよぉ、どうしますぅ〜？」(と、いうことは、1時間も取り残されていたということに)そりゃぁ、泣きますって。ああ・・・、やることやってなかった。

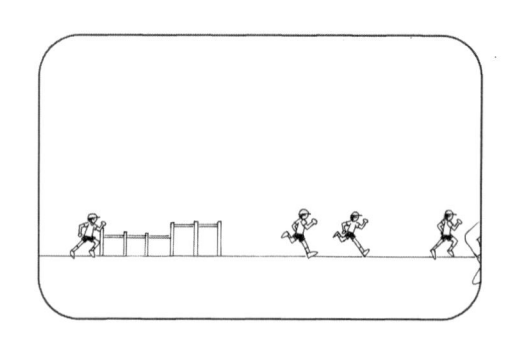

トラペジウム 3-24号

　Time fries という英語。何かに夢中になって時間が経つのを忘れてしまい、「ああ、もうこんな時間か」という時に思わず口に出す言葉だそうです。特に楽しい時間を過ごした時は Time fries when we've having fun. と言うようです。"時間が飛んでいく"とはうまい表現です。

　ところで、個人的に言いますと、この時期、学期末は1年で一番忙しい時期なんです(ちょ〜、忙しい)。それは来年度の教育計画をいろいろ立てる時期だからなのです。

　ちょっと難しい話になりますが、まず、来年度、年間を通して子どもたちがどれくらい学校に来る日数があるのかを調べます。つまり、長期休業日や土、日及び祝祭日を除いた日で子どもたちが実質的に学校に来る日数です。で、1〜4年生は200日、5、6年生は201日ということがわかりました。5、6年生は卒業式に出ますので1日多いのです。何年か前には祝祭日が全て土日に重ならず、この日数が197日という年がありました。巷の人々は喜んでいましたが、個人的には複雑な気持ちでした。この後を読めばだんだん分かっていただけると思います。

　次にその日数の中で一体、授業が何時間出来るのかの総計を各学年別に算出します。その時、仮に各学年の週時間割を組んで計算をしてみます。例えば、1年生は月曜日を4時間授業にしてェ、火曜日を5時間にィ、なんていう具合です。したがって、各学年ごとに年間の総時数が異なるのは当然となります。こうなると、もう、パソコンが必須となります。とても手計算では出来ません。でも、昔はやっていたんですよね。

　さらに、その各学年の総時数の中から勉強が出来ない時数を引いていきます。例えば、運動会や遠足、あるいは身体計測や避難訓練などです。で、もう、こうなるとパソコンがとっても大事なのです。いわゆる「行事」

というたぐいのものです。この行事時数を引いた時間が純粋な授業時数となる訳です。当然この時数は文部科学省が提示している各学年における「標準総時数」を上回る必要があります。上回った時数を「余剰時数」といいますが、これがあまりにも少ないと、また最初から時間割を作り直してやりなおしです。これの繰り返し。

　この仕事、1月あたりからコツコツとこの一連の作業を地道にやってきました。で、先日、ようやくこの作業も終わりに近づき、そろそろいいかな？っていうことになりました。

　しかし、不幸というものは突然にやってきます。どうして、僕はこんな目に遭わなければならないのでしょうか。元日に大吉を引いたんですよ、大吉！「仕事運よし」だったんですよ。だから、おみくじなんかあてになんないんだってば！

　突然、パソコンの電源が落ちてしまったのです。しかも何の予告もなしにです(ま、普通はそういうものですけれど)。一瞬、何が起こったのか理解できませんでした。聞けば、乾燥機と電子レンジをうっかり同時に使ったとのことが判明。んん〜、今までの苦労は何だったんだ・・・。思わず全身から力が抜け落ちていくのが明確に認識できます。そこで頭をかすめたのが冒頭の言葉。僕の場合

Data fries when I've typing ....　・・・でしょうか。

トラペジウム 3-25号

　よく飛行機は「離陸3分、着陸8分」。魔の11分とも言っています。操縦士が一番緊張する時間帯のようです。宇宙船の場合はなんと言っても、帰還の際の地球への大気圏突入時が一番危険だと言われています。宇宙船(カプセル)の耐熱版を地球側に向けて、分厚い大気の中を地球の引力に委ねながら猛スピードで突入してくる訳ですから、ちょっと角度を間違えると、ちっぽけなカプセルなんか一瞬のうちに燃え尽きてしまいます。この間(4～5分でしょうか)は地球との交信も途絶え、管制官の人たちも気をもむところです。飛行士たちはこの時、8Gの重圧を味わうと言われています。

　アポロ13号は月へ向かう時点で、燃料電池の1/3以上を破損しました。原因は電気系統のショートです。したがって、月への着陸はおろか、地球への帰還も極めて困難な状況となりました。電力を可能な限り節約するために月への着陸船や機械船を放棄し、3人の宇宙飛行士は狭い円錐形のカプセル内だけに活動が制限されました。さらに自動制御が出来なくなったために、飛行に必要なデータはすべて手計算で行わなければならなくなったのです。

　まず、第一関門は月をかすめて月の裏面に回り込み、その引力を利用して、再び地球へ向かうコースをとることでした。そもそも月に着陸するように設定されていた宇宙船でしたから、全て計算のやり直しです。何度となく地球とのやりとりを繰り返して見事にこの暴挙ともいうべき離れ業を成し遂げました。そんな緊張した瞬間でも飛行士たちは至近距離に迫った月の美しさに見とれたということです。

　次の難関は地球の位置を探し当て、残った燃料で帰還へのコースに乗せることです。ここで燃料を使い果たすと、地球への帰還は絶望的にな

ります。もう算数の宿題の答え合わせどころではありません。またしても、何度となく地球と連絡を取り合い、慎重にコースを割り出します。報道によると、地球を見つけ、最終的なコースに乗せた時点ですでに燃料が殆ど尽きていたということです。

　とうとう、最後の難関がやってきます。地球への再突入です。入射角度が深ければ、大気との摩擦が強すぎてカプセルは一瞬のうちに燃え尽きます。入射角度が浅ければ、分厚い大気上でカプセルは、川に向かって投げた石が水面を跳ねていくような状態ではじきとばされ、二度と地球へは帰ってこれません。その入射角度は30度程度だったと記憶しています。最終的な計算が合っていればカプセルはこの角度内で突入するはずですが、NASAの管制官自身が運を天に任せる状態でした。

　アポロ13号の帰還は月面着陸に匹敵する人類の偉業だったと言われています。あれからすでに30年ほど経過しましたが、人類は月などもう目もくれません。最近の天文雑誌には、冥王星の外の深宇宙にロケットを打ち上げ未知の惑星を探そうという計画を紹介していました。(なんで?)40年ぐらいかかるそうです。

　それにしても、大気圏再突入の際の音信不通の時間はわずかな時間ではありますが、地上の管制官たちにとってはとてつもなく長い時間に感じられたことでしょう。

　我がクラスも時として授業中、音信不通になる子がいますが、宇宙の誰かと交信しているのでしょうか。

宇宙の話とスポーツの話の関連性について（ついでに怖い話も）

　僕は中学校の頃に世界各国の宇宙開発に関する記事をスクラップをしていました。今でも部屋の本棚の片隅にそのスクラップブックの数々が埃をかぶって並んでいます。ま、今となってはどうということもない代物ですが、当時は少しでも興味のある記事を見つけるとせっせと切り抜いてスクラップブックに貼り付けていたのを思い出します。なけなしの貯金をはたいて望遠鏡を買ったのもこの頃でした。つまり、「宇宙」なるものに猛烈に興味を持ち始めた時期だったのです。おりしも当時は米ソの宇宙開発競争が熾烈を極めていましたので、どっちが先に月へ行くのだろうという話題が最大の関心事でした。スクラップという作業は、まず記事の内容を読んで理解することから始まります。つまり必然的にその分野においてはいわゆる'通'になります。オタクですね。でも、これがこの職業に従事するようになったとき、非常に役たっているという訳です。授業の合間に脱線して、昔得た知識を紐解きながら子どもたちに話して聞かせると目を輝かせて聞き入ります。話した後もそばに寄ってきてなんだかんだと追加質問攻めにあいます。未知の世界への憧れ。そんな好奇心旺盛な子どもたちを見ていると昔の自分を見ているみたいで、子どもっていいなって思います。本来の子どもの姿がここにあるのでしょうね。

　一方、本質的に身体を動かすことが商売の子どもたちにとって何かのスポーツの話をする時も目の色が違ってきます。特に中・高学年あたりになると、前夜にサッカーのワールドカップの決勝があったり、野球の好試合があったりしたものなら眠い目をこすりながらひとしきりああでもない、こうでもないと解説じみた会話が飛び交います。これも生き生きとしています。そんな様子を横目で見ているとやっぱり子どもっていいな、とまたしても思います。僕も若い頃にスポーツをやっていた関係でその解説者の一人として十分に参加することが出来ます。もう、授業そっちのけ、なんて

こともしばしば。「こんな話、一時間も話していたなんておうちの人に言うなよ」などと、子どもたちに言ったところで無駄なんですね。つっつぬけ。
　以前、こんなことがありました。その日は保護者会。時間が来たので一応お開きにしましたが、ツツツっとそばに寄ってきた一人のお母さん。もじもじといった様子で何か言いたげな様子。「どうしましたか」と聞くと、おかあさん、
「先生、昨日、何か怖い話を子どもたちにしました？うちの子、夕べ怖い怖いといってトイレにも行けなかったんですよ。わたしそのたびに起こされて…」
「は〜、昨日は喜んで聞いていましたけれど…」
　ハイ、失礼しました。
　「宇宙の話」、「スポーツの話」および「怖い話」この三者には特に厳密な関連性はありませんが、しいて言えばいずれも子どもたちが大好きな話なんですね、コレ。

四、教室の風景あれこれ その二

トラペジウム 4-1号

　3年生の各クラス、1学期から1分間スピーチに取り組んでいますが、これまでのスピーチの中で僕なりに"ふ～ん"とか"そうなんだ"みたいなものをちょっと紹介します。

『わたしは、プラスチックについて調べました。プラスチックには、いろいろなマークがつけられているのに気がつきました。調べてみると、プラスチックの種類ごとにつくられているマークだとわかりました。例えばペットボトルのマークはポリエチレンテレフタレートというプラスチックだそうです。マークは7種類ほどあります。このマークは、プラスチックを見分けてリサイクルするためにつけられています。プラスチックは簡単に姿をかえられるため、リサイクルしやすいのです。プラスチックからスーパーボールやスライムのようなものを作ることができます。きちんとプラスチックを分別すると、別の素晴らしい物に生まれかわるということがよく分かりました。』

『僕は日本の人口について話します。国の役所は5年に一度、人口など全国一斉調査をしています。昨年やった調査の結果、人口が減っていることがはっきりしたのです。今年の10月の推定(むずかしい言葉)人口は1億2775万人です。国の違うところが調べた結果よりもさらに約1万8000人少なく、人口が減り続けていることがわかりました。・・・お年寄りの数が増えて若者や子どもの数が減っているということでした。本当に人口が減っているなんて知りませんでした。』

『これは太陽の黒点のまわりから炎が激しくふきだす写真です。この写真は9月に打ち上げられた観測衛星の「ひので」が初めて写したものだそうです。炎は水素ガスが噴出してできたものです。これをジェットと呼ぶそうです。吹き上がる高さは、地球を2つ重ねた高さになるそうです。このジェットは数十分で消えてしまうので見ること(写真に撮ることが)

がむずかしかったそうです。』
　以上、紹介した子どもたちは、いずれも関連した資料や写真をスピーチとともに提示しながら話しています。始めの頃はしどろもどろでスピーチをしていた子どもたちではありましたが、回数を重ねるごとにだんだん上手になっていています。一生懸命、家で原稿用紙を見ながら時計片手に練習をしている子もいるとか。

トラペジウム 4-2号

　2組の子どもたち、いつもの習慣で朝の時点で着替えています。マラソンです。今の季節、寒さも一段と厳しくなり、準備運動前は「センセー、サミ〜」、「手が凍る〜」なんて"もがいている子"もいますが、いざ走り出すとガンガン行きます。

　考えてみれば、春のポカポカしてどこかけだるい季節(個人的には花粉症で非情に苦しめられました)、梅雨のじめじめしてじっとしているだけでも汗が身体にジワっとくる季節(個人的には一番苦手な季節です)、カンカン照りで不快指数が極めて高い汗だくだくの季節(水分と塩分が必須でした)、気温湿度とも快適で爽快な季節(つい最近でした)・・・と、子どもたちは幾多の季節を走り続けてきた訳です。で、この木枯らしの吹く季節も絵になるんですね。あかぎれやしもやけ対策で、走る時のみ手袋を着用してよいということになっていますので、そのような子を見るとなんか専門の選手が走っているような感じさえします。4月からの総走行距離を計算すると一体どれくらいの距離になるんでしょうか。今度真面目に計算をしてみたいと思っています。

　ところで、子どもたち、4月の走り始めの時期と違うのは、走る時のリズムです。言い換えれば走るときのペースの作り方です。毎日のことですから、おのずと自分の走るペースが決まってきます。そのペース、4月から比較すると、格段の差が付いてついています。1周、約120mのトラックですので、子どもたち、毎日、1000m前後は走っています。しかし、冷静に考えるとこれはすごいことです。8〜9歳児の子どもたちですから。

　僕がこのような子どもたちを見て感じることは、子どもたち自身、このパフォーマンスの向上に普段は気づいていないんだろうな、ということです。でも、言ったところで、あんまりぴんと来ないのかもしれません。「すごいんだぜ、これって！」って言ったって「ふ〜ん」ってなもんでしょう。毎

日当たり前のことをやっていることが何ですごいんだろう、ぐらいしかもはや思わないのでしょう。多くの子どもたちの興味は毎月1回測定する1000mタイムです。「今度はいつ？」です。その時の自分の記録を知った時、自らのパフォーマンスの向上に何となく気がつくのかもしれません。昨日も一緒に走りながら"子どもたちってすごいなぁ"とつくづく感じた次第です。

トラペジウム 4-3号

子どもA：「電気は木はとおさない」　先生：「いえ、違います」
子どもB：「電気は金属をとおす」　先生：「いえ、いえ、違います」
子どもC：「電気は試験管バサミはとおさない」　先生：「・・・、ずれた」

　先週の木曜日、理科室に行って電流の実験をしました。豆電球とソケットを個々に渡し、豆電球をソケットにねじ込んで、早速、ソケットから出ている赤と緑の銅線を乾電池の＋と－極につながせてみました。点きます、点きます。あちらこちらで歓声があがっています。

　で、次なる実験(我ながらナイス閃き)。試験管バサミです。この試験管バサミ、木で出来ています。これを電池のどちらかの極と赤もしくは緑の銅線の間に割り込ませ、豆電球が点くかどうかを調べさせました。即座に「点かない」、「切れてる」の声。じつは、これは僕の策略です(やるぞやるぞと思っていました)。子どもたち、絶対次なる手段を講じると思っていました(やるぞ、やるぞ、ほらやった)。この試験管バサミには、ちょうど試験管を挟む部分にバネのような金属(のようなもの)がついています。子どもたちは点かない試験管バサミの木の部分に見切りをつけてこの金属部に銅線をつなぎ始めたのです。点きます、点きます。子どもたち、やっぱり歓声です。そこで、満を持して質問です。「これまでのことで分かったことを言ってみてください」、で、冒頭の子どもたちの答えとなった訳です。

　「これまでのことで分かったことを」と言っているのに、どうしてAやBの子のような答えが出てくるのでしょう。明らかに先入観もしくは既成知識があるということです。もう知っているんですね。でも、僕は「これまでのことで」とあえて断って質問しているのです。もう子どもたち、悩んでいます。何でこんな当たり前の答えが違うのか、お互い顔を見合わせています。そこで、近くにある金属っぽい缶詰の缶を同じように銅線と電池の間に挟みこんで豆電球が点くかどうかを見せます。点きません。みんな、「え

〜」と言って意外な顔をしています。まだわかんねえ(あ、不適切な言葉を)。

　でも、いるんですね、ちゃんと冷静な子。ハイと手を挙げて答えます。
「電気はとおすものととおさないものがある」

　正解！今日の実験で分かったことはこれだけですよ。なまじ知識があると返って弊害が・・・。Ａ君、Ｂ君、それはこれから勉強することだよ。今日はこれだけ覚えて帰ってね。物事を客観的に見る目、大事ですね。

トラペジウム 4-4号

　テストをやると必ず子どもたち、「先生、いつ呼ぶの」と聞きます。つまり、僕はある一定の時間が経つと一人ずつ呼んでその場でまるをつけてあげるからです。指定する時刻はそのテストによって違います。概ね、その時間の終わりには全部の子のまる付けがが終わることが出来る時刻です。僕はいつの頃からかテストの時は必ずそうするようにしています。その予告時刻になると「自信のある者は良い姿勢をしてください」と言うので、子どもたち、良い姿勢をします。背筋を伸ばしてとても素晴らしい姿勢です(いつもそうしろよ～)。つまり早く呼んでもらい自分の出来具合いを知りたいのであります。

　「〇〇さん」と呼ぶと、「ハイ」(と、元気よく返事をする子もいます)。でも、じつは、これは本人たちにとってはドキドキもんなんですね。目の前ですぐ結果がわかりますから、こちらから見ているとその時々の反応が手に取るようにわかって面白いのです。「しまった、ハズした・・・」、「あ、消したはずなのに消してない」、「いっけねぇ、勘違いしちゃった」等々、不本意な例としてはいくつかのバリエーションがあります。逆に全問正解だと「ヤッター！」と思わずガッツポーズをとる子、「ああ、良かった」と胸をなでおろす子、これもまたいろいろです。

　僕がこのまるつけ法を採用したのには訳があります。上述した子以外の子への対策です。間違えたところをリアルタイムに解説をつけて個々に返していけるということです。「ここはどうしてこうなった？」や「これはこんな考え方をすればいいんだよ」です。このような言葉がヒントになって「あ、そうだったのか」という子もいます。テストは一応、学んできたことのひとつの結果として診断することが可能ですが、僕はテストをひとつの"通過点"として使っています。要するにこの次から同じ間違

いをしないようにすればいいという発想です。このようなもうひとつテストの使い方をやり始めてから子どもたちとの距離が一層近づいたように思えるようになりました。全問正解もしくはそれに近い出来の子については、「よし、やったぁ！」や「おしい！」なんて励ましたりもします。

　「ナニ？260円？」、「あ、いっけね〜、260人だ」(バッカモン！、しっかり見直しをせんかい)

トラペジウム 4-5号

　子どもたちは本が好きですが、図書の時間を観察していますといわゆる「読み方タイプ」が何種類かあることに気がつきます。
＜その１：じっくりタイプ　小説編＞
このタイプの子は図書室に入るなり自分が持ってきた本をすぐに読み始めます。この子たちはほとんどこの１時間中、席を立ちません。じっくり読みます。味わって読みます。しかも、小説・物語が多いのです。

　「ジャングルのおきて」　　　　「オペラ座の怪人」

　「ポンペイ最後の日」　　　　　「エルマーの冒険」

　ざっと挙げればこんな感じです。これらの本は一様に字が小さめでほとんど装丁がないのも特徴であります。
＜その２：じっくりタイプ　図鑑編＞
このタイプの子たちは上記のタイプとその動静はほぼ同じです。つまりじっくりと落ち着いて読みます。しかし、読んでいる本の種類が違います。小説・物語ではなくいわゆる図鑑類です。動物の図鑑であったり、宇宙の図鑑であったりいろいろです。半分口をあけて読んでいる子が多いということは、そうとう"オタク"っぽいということでしょうか。読んでいる子によっては近づくことができない雰囲気をもっています。ま、いっか。
＜その３：頻繁席立ちタイプ（ん〜、適切な言葉が思い浮かばない）＞
およそ５〜１０分間隔で本を取替えに行きます。次の本を探す時間にも時間がかかります。こちらから見ているとなんか落ち着きなく見えますが、ポジティブに解釈すると"いろいろな本が読みたい"でしょうか。ネガティブに判断すると、もうちょっと「落ち着いて本を読め〜」と言えます。
＜その４：一見じっくりタイプ＞
このタイプは僕もどう解釈したらよいのか分かりません。と言うのは、彼

らはじっくり本を読んでいますが、そばに寄って本の中身を見てみるといわゆる「マンガ」なのです。最近よく見かけますよね。歴史を分かりやすくマンガにしたり、科学的な実験をマンガにして面白おかしく説明しているあれです。どんなに好意的に解釈しても"マンガ"です。じゃ、何で学校の図書室に置いてあるの？と聞かれると困りますが、僕は子どもたちに「マンガは本の形をしているけれど"本"ではな～い」とよく言います。これはいつでも読めるでしょ？だから図書の時間くらいは"本"読んでよって。

トラペジウム 4-6号

　人間は絶体絶命のピンチに追い込まれた時、どのようにしてその窮地をれようとするのでしょう。

　聞いた話ですが、外国の多くのアクション映画では到底助からないという場面を最初にまず設定するそうです。そして監督を含めたスタッフ全員が集まってああでもない、こうでもないととことんディスカッションするそうです。そしてその結果、最も理にかなった(?)、しかも、観客があっと驚くような切り抜け方を採用するとのことです。

　例えば、任務を終えたジェームス・ボンドがスキーで山を下っていきます。ところが、これが敵の組織に情報が筒抜け。待ち伏せされ、何人もの敵に追われ銃撃されます。かくしてスキーチェイスを展開。あらん限りの秘密兵器を駆使しながら危機一髪で逃れるボンドではありますが、後方からだけではなく山肌で待ち伏せをしていた敵からも両サイドをもふさがれてしまいます。ここに至ってボンド、絶体絶命です。

　そこでスタッフの登場です。この彼の窮地をどのようにして救うか。「後方からも両サイドからも追われているから逃げ道は前方のみだ」「しかし、敵がどんどん増えて銃撃されているのだからそろそろ銃弾に当たらなくては不自然だ」「それでは程なく前方に崖が現れることにしよう」「崖から跳び降りるということか」「んん〜、それではボンドが死んでしまう」「どうだろう、このアクション場面はとてつもなく高い山の上で展開されているということにしたら？」「で？」「崖から飛び降りたらパラシュートを使う」「パラシュート！」「しかし、パラシュートを始めから背負っている必然性がない」「いや、ボンドはもともとこの高い山から諜報本部に最も早い帰り方を始めから計画していたことにすればいい」「だから敢えて絶壁断崖の方に逃げていく」「観客にはさも追われて絶壁断崖に追い込まれるように見せかけるということだ」「しかし、パラシュートは大きいから目立つな。カンがいい観客には最初からばれてしまうのでは？」「それでは最新型の超小型パラシュ

ートを使うことに」「リュックのような?」「ハングライダーのような」少し間(ホント?)「よし、それでいこう。ただし、パラシュートはぎりぎりまで開かせないように演出を」「これでボンドも終わりと思わせる」「しかし、終わる訳がない、どうやって助かるのか、ギリギリまで観客にはハラハラさせる」「よし、決まりだ」・・・じつに充実したディスカッションであります。

　かくして無事に帰還したジェームス・ボンドは次なる任務に。なんか、強引につじつまを合わせたような話ですが、ま、映画での出来事で所詮フィクションの世界ですからめでたしめでたしというところでしょうか。
(「私を愛したスパイ」だったかな)

　でも、先日、2組でおこった"事件"はつじつまが合えばいいという訳にはいかないんでしょうね、ほんとうは。その時、困った子は被害にあった当事者だけではないこと信じます。「しまった、するんじゃなかった」と思い、深く反省し、この"絶体絶命のピンチ"を切り抜けたんであろうことを切に願っています。心の中に宿るいろいろな人々がああでもない、こうでもないとたくさんディスカッションして自分なりに結果を出したのだと思うことにします。もし、そうであればもう何も言わないことにします。

　先日のある"事件"に関して僕の思いを述べました。悲しい出来事でしたが、事実は事実としてしっかり認識する必要があります。敢えて書かせていただきました。

トラペジウム 4-7号

　最近、あることで職員室に保護者の方からよく電話がかかってきます。夕方が多いのが特徴です。たまたま僕が取次ぎをした場合、その後に代わった先生の話の内容を聞くともなしに聞いていています。ああ、なるほど、そうか、と思いました。

　そこで、去年の今頃、小学生の三男坊がチョコレートを食べながら包み紙を一心に見入っていたのを思い出しました。よく見ると、彼の周りにはすでに食べ終わった包み紙が散乱しています(ん〜、っつ〜ことはずいぶん食ったな、節操のないやつ)。と思いながらも不思議に思ってその包み紙を覗き込みました。なるほどね、これを読んでいたのか。「君のバヤイも、もうすぐといえばもうすぐね」と言いながら僕も興味が湧いてきたのでひとつひとつ読んでみました。その時のものを思い出しながらいくつか紹介。

○苦悩を突き抜けて歓喜にいたれ
○成功は重要なことではない。重要なことは努力である。
○あなたの夢がかないますように
○みんな、みんな、応援してるよ
○誰より力強い見方は君の中にいる
○自分の夢をイメージしよう。それがきっと力になる。

　お分かりでしょうか。あるチョコレート会社の巧妙？な販売戦略(キット、カツ)。聞くところによると、この商法、大成功だったそうで時期も時期ということでかなり売れ行きもよかったとか。今年も同じ商法で攻めているのかどうかわかりませんが(食べてないので・・・)、テレビで

は何回かその種のコマーシャルを見たことがあります。ま、もちろん本気ですがろうとは思ってはいないでしょうが、買う気持ちもわからないでもないですね。

　電話の内容には残念なものもあるようですが、6年生の保護者にとってみてはなんともやきもきする時期ではあります。巷ではもうそんな季節なのですね。

トラペジウム 4-8号

　ちょっと前の話ですが、ボクシングの世界タイトルマッチをテレビでやっていました。僕は昔からボクシングが好きなので、タイトルマッチがあると欠かさず見ていますが、家では極めて不評です。「あんな、人が殴り合うのを見て何が面白いのかね～、よいしょっと」(と言って立ち去る人)、「野蛮なスポーツぅー、誰が考えたのかしらね、よし、よし」(と言って犬をあやす人)ってな具合です。でも、ノックアウトシーンはボクシングファンにとってはたまらない魅力のひとつです。劣勢に戦っていた選手が1発のパンチで相手をマットに這わせる、そこにはまさにプロであってはじめて可能となるある種の"芸術"さえ感じるのであります。でも、僕は違いますって。そのような試合はあまり好きではありません。

　BoxingのBoxという言葉を辞書で調べてみると、確かに「拳骨で打つ」や「殴り合う」という意味が載っていますが、もうひとつ、Boxする、つまり、箱に入れる、仕切る、隔離する、などという意味があります。よく選手のタイプを紹介する時にボクサー(Boxer)タイプとかファイター(Fighter)タイプなどという言葉を使います。この「ボクサー」というのは、ガンガンと打って出てKOをあからさまに狙う「ファイター」とは異なり、相手を箱の中に封じ込めるように周りをまわりながらコツコツとポイントを稼ぐタイプのことを言います。昔、アメリカに「モハメド・アリ」というヘビー級の有名なチャンピオンがいましたが、彼はまさに「蝶のように舞い、蜂のように刺す」と言われた典型的な"ボクサー"タイプの選手でした。そもそもヘビー級ほどの重量があると、お互い足を止めて打ち合い、どっちが先に倒れるかという試合が当たり前でしたが、100kgを超える体重のアリがこの常識を覆したのは有名な話です。

　このような選手が試合をすると、はでなKOシーンを期待する観客に

とっては、どこか物足りない試合となります。しかし、僕は、逆にガンガン振り回してくる相手のパンチをほんの数センチのところで巧みにかわしながら、要所要所で的確にパンチを当て、コツコツとポイントを稼いでいるのを見ると、「ウ～ン、うまい、素晴らしい」と唸ってしまうのです。ひとつ間違えればマットに沈む危険性があるにもかかわらず、むしろ"積極的"に Box をする選手は感動に値します。このような選手はコツコツの重要性を知っているんですね、きっと。最終的にはポイントを多く取れば勝ちなんですからいいんだって。無理して KO シーンを演出する必要はないの。判定でも勝ちは勝ちなんです。人が何て言おうと勝ちなんだってば。好きなんですね、そういうボクシングの方が。

　いいんです、遅くたって、じっくりやれば。コツコツ積み重ねていけばそれがいつかきっと大きな力になるんですから。

　コツコツの話をもう少し。これも少し前の話になりますが、朝のスポーツニュースで、イチローが今年のレギュラーシーズンを全て終了したとのアナウンスがありました。首位打者にはなれませんでしたが、年間安打数が今年も大台の 200 本をクリアしたということです。これでイチローはメジャーリーグ、デビュー以来、6 年連続 200 本を記録したことになります。これはメジャーリーグ史上、初の快挙とのこと。彼はかくして前人未到の領域に足を踏み入れたのです。イチローは日頃、日によって上がり下がりする打率よりも毎日の積み重ねの現れ・結果である安打数を重視したいとし、その年間目標数を 200 本と自分に課して毎試合、挑戦し続けていた訳です。
　イチローをよく知る野球評論家は、「確かにイチローは野球のセンスに関しては天才と言われているが、じつはこの天才という 2 文字を彼はものすごい努力で獲得したのである。その努力はとうてい他人には理解で

きないものであり・・・」と語っています。これは想像するしかありませんが、つまり、きっと、彼は人の見ていないところでとてつもない努力をしていたのかもしれません。コツコツです。

とかく人は華やかなところや成功した場面しか見ようとしませんが、そこに至るまでの過程を決して見逃してはならないということです。子どもたちは俊輔のかっこいいシュートに憧れ、マイケル・ジョーダンの鮮やかなダンクシュートを真似ようとします。しかし、我々はそこに至るまでの努力の重要性や必要性を子どもたちに気づかせることが大事なのだと思います。参考までに下図にその"気づかせ"の典型的なひとつのグラフを示します。何のグラフかおわかりになるでしょうか。男子は19名、女子は12名、合計31名の或るグラフです。コツコツ 。

[3年2組のあるグラフ]

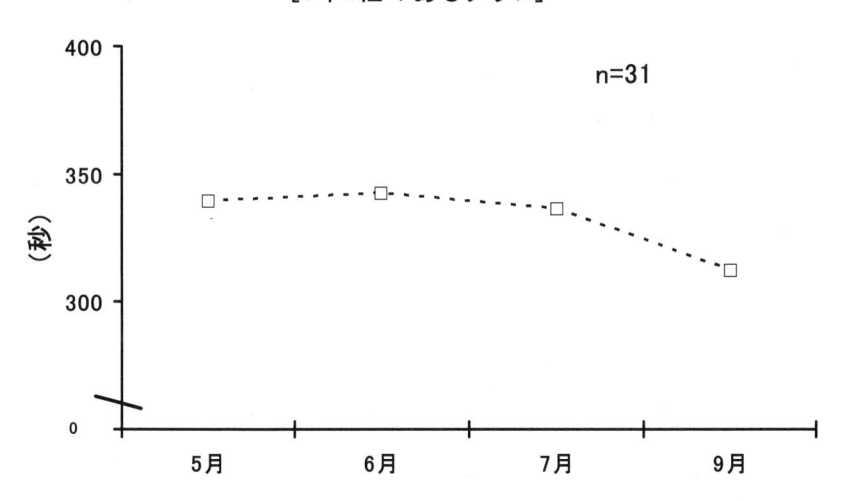

n=31

(秒)

教師（少なくとも僕）が譲れないところ

　前々章で「子どもは管理するものではない」という話をしましたが、僕は例外もあると思っています。それは命にかかわることです。もっと言うならば、生命の危険が想定されるような場面ではきっちり子どもを管理すべきであると考えます。例えば、「屋上の高いところから学校の周りを観察しよう」と屋上に上がったときに「自由に好きなところで観察してごらん」では何が起こるかわかりません。このときに何らかの決まりが必要になります。事故が起きないようにあらかじめシュミレーションします。すると、これはしてはいけない、これもだめ、といった具合に残念ながら様々な制約が出てきます。しかし、これは仕方がないことであり、それを怠ったためにとりかえしのつかない事故が起きてしまったら一大事です。屋上の話を例に挙げましたが、これが遠足であったり、校外学習であったり、宿泊をともなう行事であったりと意外にその場面は少なくありません。ま、でも、そこの兼ね合いが難しいところでありまして、「何もそんな決まりまで作らなくても・・・」となる訳です。どこで線を引くか、先生方の頭の痛いところではあります。しかし、基本的には「命にかかわる事項に関しては子どもをしっかり管理する」ここは譲れないところです。

　もうひとつ、譲れないところがあります。本章でジェームス・ボンドを登場させて書きましたが、「物かくし」です。これは我々教師が必ず何回かは経験させられることです。「先生、わたしの靴がありません」「先生、だれだれちゃんの筆箱がなくなりました」というやつです。これはある意味では昔から面々と引き継がれてきたいたずら（悪ふざけ）といえば言えないこともないのですが、最近は少し首を傾げたくなるような現象がおきています。この「物かくし」は結果的にどこかから出てくることがほとんどです。「みんなで探してみよう」などと言って手分けをして捜索するとものの数分も経たないうちに出てくることもあります。あるいは数日後にひょっ

こりと見つかるという例もあります。きっと行為に及んだ子がそれなりの反省をしてみんなが見つけやすいところに移動させたか、あるいは自分で持ってきたか、という具合です。しかし、最近はとうとう見つからずじまい、あるいは見つかったとしても想像を絶する場所から発見されるということが多々あります。その想像を絶する場所のひとつにトイレがあります。

　十数年前の僕の経験から話をしますと、なくなったある子の眼鏡が女子トイレの便器の中で発見されました。少しばかり眼鏡の柄が見えていたのでとり上げようと試みたのですが、結局流れてしまいました。この場面を一部始終見ていた持ち主の子の気持ちは察して余りあるものがあります。しかし、それを横目で見ていたもう一人の'当事者'もいたかもしれません。じつに陰湿と言わざるを得ません。我々教師は警察ではありませんから'その当事者'を徹底的に突き止めることまではしません（出来ません）。

　事後指導において、みんなの前でこれは人道的に決してやってはいけないことであると切々と訴えるしかありません。ことに及んだ理由は当然ありましょう。したがって、我々教師はそのような子どもたちにも目を向けてあげなければならないことはいうまでもありません。再発防止の観点から重要なことです。と同時に、そのときの友人関係での問題はなかったか、あるいは自分の日頃の指導に何か落ち度はなかったかなど多角的に分析する必要があります。しかし、いずれにしても昔のように結末が単純ではないところに問題があると考えます。これを許していたらとんでもない子どもが世の中に出て行くことになります。相手の心の痛みを微塵も感じない心を持った大人が出来上がります。決して教師として譲れないところです。根気よく指導をしていくしかないことなのでしょうが、現代っ子の心の中の推し量れない部分を垣間見るような気がします。

五、外国を旅行して思うこと

トラペジウム 5-1号

　エクアドルの首都は「Quito クィト」です。赤道直下の国でありながら、標高が 2850m もありますので、非常に乾燥して肌寒いところです。まず悩まされるのは高山病です。だから町に入るとみんなせっせと水を飲みます(とりあえず水を飲むのがいいようです)。

　僕の友達がジャイカ(海外青年協力隊)で派遣されるくらいですから、この国はいわゆる発展途上国の域を出ないということでしょう。したがって、国としてのルールがまだ未熟という表現が適しているかもしれません。

　例えばタクシーに乗ります。通常はあらかじめ料金が定められていますが、この国はまず、交渉です。「クアトロ？(4＄)」、「ヤー、ヤー、シンコ、シンコ(5＄)」ってな具合でスペイン語でまくし立てます。交渉成立後、乗車しますが、総じて運転手は運転が荒い。交通ルールはあってなきが如しです。この国での死亡率 No.1 が交通事故だというのも納得です。やたらにクラクションを鳴らすのも耳障りです。開け放たれたウインドからは排気ガスが容赦なく入り込み、鼻を突きます。

　「いつになったら追いつくのかな」と呟くと「それは私たちの仕事ではありません。わたしたちはこの国を変えようなどという使命を背負って来ている訳ではありません。どちらかと言うと"技術提供"とか"頭脳輸入"みたいな感じですね」ジャイカの友達が言います。友達は小学校教員隊員としてある村の小学校で子どもたちに音楽を教えています。地道な活動です。

　キトに着いた最初の夜、夕食をみんなで食べに外に出ました。「キトの夜はとても危険なので決して1人で歩かないこと」、「囲まれたら絶対に抵抗しないこと」などと言われました。でも、気がつくと警官がところど

ころに配置されているのが見られ、そんなに危険な町とは思われないのです。このことを問うと、友達は大きくため息をついて首を横に振ります。つまり「政治の腐敗」。「賄賂」、「汚職」、「裏取引」・・・。

　ところで、奇しくもこの日、8月10日はエクアドルの独立記念日でした。町はあちらこちらで人々が繰り出し、はしゃいでいます。パレードもやっています。興奮した市民たちが何をし始めるかわかりません。でも、彼らは本当に喜んでいます。お互い肩を抱き合い、歌を歌い(国歌でしょうか)心からこの日を祝福しているように見えます。昔、スペインの侵略に遭い、長い間統治されていた暗黒の時代からようやく開放された喜びが、この時代の人々にも確かに受け継がれているのです。人々はこの国を愛し、誇りに思っているのが痛烈に伝わってきます。歴史の重みを感じる瞬間です。

　「いつ追いつくのか」という昼間の的外れの疑問はもう僕の頭からすっかり飛んでいます。生活自体は決して裕福とはいえない国ではありますが、この国の国民たちは今、この時代を十分に満喫しているように見えます。

　現地の友達がぽつりと言います。「みんな、明日は何事もなかったように仕事に行くんですよね、軍に帰る人もいるし・・・」。

　この国にも当然のごとく軍隊が存在します。

トラペジウム 5-2号

　このエクアドルのオタバロという町は本当に赤道直下に位置する町です。この町には、先住民が多く住んでいる町としても有名です。現地の人たちは"インディヒナ"と言っています。

　ところで、この町の近くに「赤道記念館」というところがあり、ちょっとした見学場所になっています。なるほど、赤道を示す20cm幅ほどのペンキで塗られた赤い線がこの記念館の中心を走っています。つまり、この線が赤道そのものですよという訳です。現地のインストラクターがスペイン語でいろいろ説明をしてくれていますが、よく分からん。でも、非常によく分かった説明もありました。

　まず、この赤い線の上に、つまり赤道上に水の入ったバケツを置きます。このバケツの底には栓が付いていて、それを引き抜き、たまった水を抜きます。すると水は勢いよく抜けていきます。真っ直ぐにです。次に、このバケツを赤道から南側に数十cmほどずらして同じように水を抜きます。すると、水は右回転に渦を巻きながら抜けていきます。インストラクターが分かりやすいようにと小さな葉っぱを2～3枚ほど入れてその動き方を見せます。なるほど、右回転です。次に、赤道から北の方に数十cmほどずらして同じように水を抜きます。すると今度は水は左回転に渦を巻きながら抜けていきます。我々が住んでいる日本は北半球に位置していますから、水は左回転な訳ですが、これを見るまでは別に何とも感じなかった現象でした。不思議です。赤道からほんの少し離れただけでそこはれっきとした北半球であり、あるいは南半球であるのです。赤道直下ならではの興味深い実験でした（どうして回転が異なるのかというと、つまり、極の磁力と引力の関係で・・・ま、その辺は専門家に任せるとして・・・）。でも、一緒に見学をしていた友達が「水を抜

いている最中にバケツを南から北に移動させると、渦はやっぱりその最中に逆回転するのかな」って、そんな意地悪な質問をするなって。
　オタバロの町は非常に簡素で落ち着いた町です。この町はおもに観光客相手にお土産を売って生計を立てています。町の中心には大きな広場があり、そこで人々は思い思いの民芸品や特産物を売っています。ここも値段などあってなきがごとくであり、交渉があちらこちらで始まっています。現地の友達は「向こうの言い値の70%近くはいきますよ」などと言っていましたが、これがなかなか手ごわいのです。じかに交渉をしているうちに何となく分かってきました。スペインの侵略でスペイン人の血が混じったエクアドルの人々ではありますが、ここオタバロの人たちはインディヒナ(純潔)の誇りをもっています。でも、混血の人たちとは決して争うことはしません。先住民の誇りだけを大事にしているのです。どことなく風格が感じられたのは僕だけでしょうか。

エクアドルの首都クィトの夜景

トラペジウム 5-3号

「Every body very good, just in time.」インストラクターが満足そうに言います。この言葉でやっぱり昨晩のミーティングでの集合時間が聞き間違えでないことが分かりました。ということは正しくヒアリングが出来たということですね。早朝の5時、まだ辺りは真っ暗です。「これで本当に潜るの？」。友達がポツリ呟きます。僕は何とも言えませんが、不安は募るばかりです。我々の乗っているクルージングの船は碇を下ろして、穏やかな波にかすかに揺れています。ウェットスーツに着替えて、タンクを背負って、インストラクターの指示に従い、みんなボートに乗り換えます。辺りがだんだんしらんできて、ガラパゴスの島々がボーっと淡い形となって浮かんで見えてきました。そういえば、友達が言っていたことを思い出します。「え〜？、ガラパゴスで潜るの？すごく難しいみたいよ。経験本数100本ぐらいって聞いてるよ」って、初心者の域を出ない僕にとってはなおさら不安を駆り立てる訳です。これから行くポイントは「ノース・セイモア」という所です。こういう場合は地元の地形を熟知しているインストラクターが絶対であり、言いなりになるしかありません。

バディを見失わないこと、むやみに海底のものに触れない（これは自然保護ですね）、いつも岩を右に見ながら移動すること、タンクの残圧が750になったら、全員浮上などを確認してボートのヘリに座りスタンバイ、バックロールで入水します。もうすでに辺りはすっかり明るくなっています。潜行を開始すると意外と透明度、透視度が悪いことに気がつきます。ドリフトがきつく中性浮力を維持するのに苦しんでいた僕の肩を仲間がトントン叩きます。指差す方向を振り向くと、なんと、アシカの大群が気持ちよさそうに泳いでいるではありませんか。素晴らしい。

呆然と見ていると彼らは近づいてきます。もうほんの至近距離まで来ています。「ウォー」っと彼らの独特の鳴き声も聞こえてきます。思わず手を振ります。また、肩を叩く仲間。振り返ると今度は大きなウミガメが優雅に泳いでいるのが見えます。

　仲間の一人がエア切れになったので浮上です。潜行最深度およそ20m、潜行時間約30分。とても素晴らしい体験でした。ボートに戻り（浮上時にはかなり遠くにいた、コワイ）、インストラクターに思わず感謝です。同行した一人（ドイツの人でした）が言います。「オレナンカ　200 ポングライモグッテイルケド　コンナケイケンハ　ハジメテダヨ」。そうなんです。こんな光景に遭遇するのは本当にラッキーの一言。もちろん僕も初めての経験です。もう、さっきの不安はどこかに吹っ飛んでしまっています。

　ところで、潜行中は全て手話のような手信号でお互いやり取りをします。手刀で首のところを左右に動かすと「エアー切れ」、拳で胸を叩くと「エアーをください」、人差し指と中指を開いて自分のマスク（目の部分）に当てると「自分をよく見てください、説明することがあります」です。OKサインは「Everything good」。他にもまだありますが、これらは全世界共通です。なにせ、命に関わることなのでみんなしっかり表現します。だから、お互い自ずと連帯感が生まれ、初対面でもすぐみんな仲間になります。スキューバーダイビング、この世界は言葉は必要ありません。

トラペジウム 5-4号

　確か僕の記憶が正しければ「ハリーポッター」の"賢者の石"の章でハリーが引き取られた先はハリーのお母さんのお姉さん夫婦(あの、超〜意地悪夫婦)ということになっていたと思います。でも、それは後に翻訳者の誤訳であり、じつは「妹夫婦」ということだったということが判明したとのこと(詳しい人はこの逸話は知っていると思います)。以降のシリーズではそうなっています。翻訳者の松岡佑子さん、どうして間違えたのでしょう。英語の堪能な方が訳し間違えることなど考えられませんよね。
　ところで、何の本だったでしょう、「日本ほど序列をつけたがる国も珍しい」という内容の話を読んだ覚えがあります。作者曰く、
　『日本の勲章には「勲一等」とか「勲二等」などがあり当然のごとく序列がある。歌の大会などもしかり、成績は「一等」、「二等」である。多くの学校(これはおもに私立の中学や高等学校のことをさしていると思います)も、彼らの成績に順位を示す傾向が明らかに見られる。しかし、これは無理もないことで、元来、人間は本能的に他の人間を等級づけることが好きなことは事実であろう』
　作者は続けます。
　『日本には停年があるが、アメリカやカナダなどの社会では停年などというものはない。これは Age discrimination (エイジ・ディスクリミネーション)と言って明らかに年配者に対する一種の"差別待遇"であり、アメリカ・カナダの社会では男女差別問題以前の問題である。アメリカ・カナダの社会では出来るだけ年齢の話は避けるように心がけている。新聞の求人広告に"20歳以上の人"などと載せるのは禁止されていて、年齢によって人を区別することはしてはいけないことになっている。レギュレーション違反である。また、毎日読む普通の新聞記事にもほとんど

年齢が書いていない。この習慣は明らかに年齢による人間同士のお互いの「プレッシャー」を緩和しようとしたいわゆる"見えない平等"の発生の工夫のひとつであろう』

　さらに、

『日本語には兄(あに)、弟(おとうと)や姉(あね)、妹(いもうと)などという年齢の上下がすぐにわかるような言葉があるが、英語では単にbrother とか sister という年齢に関係ない言葉に置き換わっている。彼らから This is my brother. と紹介されると、日本人は、ハテ、兄かな？弟かな？と気になるものである・・・』

　っと、ここまできて、ははぁ〜、と思った次第です。松岡さん、それで早とちりを？訳している時にきっと、(あの超〜意地悪奥さん)お姉さんだという先入観があったのかも。

　紹介した本はアメリカ・カナダのことを書いた本でしたが、きっとハリーの住んでいるイギリスでも、当然のごとく Age discrimination を意識しているということですね。

　そう言えば、カナダに住んでいる友達が言っていましたっけ。「仕事柄よく名刺の交換をするけれど歳は今までほとんど聞かれた記憶はないな」。

トラペジウム 5-5号

　「ほら、だからあれはその法律が出来る前の古い車という訳だ。」と運転している友達がすれ違った車を少し目で追いながら言います。なるほど、ヘッドライトが点灯していません。「しかし、どうしてそんな法律を？」僕が聞くと「それはバイクで実証済みだからだよ。日本でもそうでしょう」確かに日本でもオートバイに関しては日中、ヘッドライトを点けたことによって事故が激減したという事実は聞いています。「いいことはすぐに実行する。走っている時はライトが点いていたってバッテリーの消費、関係ないもんね。いっそ車もやってしまおうって。ま、合理的だ。」しかし、慣れるまでは、日中でもヘッドライトを煌々と点灯して走る車を見るのは奇異な感じがします。すれ違う車、全てがですから。で、先ほどすれ違った車は年式が古い車だったのでエンジンをかけても自動的にヘッドライトが点灯しない車だったという訳です。

　友達、続けます。「ここさ、先月、信号機が故障したんだ。」見ると、大きな交差点です。交通量も激しい場所です。「一時、大渋滞になりかかったんだけどさ。」大混乱は必至だったことでしょう。すると友達、「そしたらさ、そんな決まりなんかないのにお互いに合図し合いながら1台ずつ交互に整然とここを抜けていくんだよ。パトカーも来ないうちにだよ、誰もイライラする人なんかいやしない。」

　まだ続けます。「今度、国の防衛費を大幅に削減する案が審議されるらしい」、「攻められたら困るね」、「困る？、どうして。大きな隣国が焦るでしょ。その時はそこが登場だろ」（そんなにうまくいくのかな）「というか、今、福祉に力を入れようと思っているんだよ、この国」（って、んん〜、ちょっと極端だけど、ほんとに合理的な国・・・）

　もともと、ロッキーなんか行かなくたって、氷河は見られるから、と

言われて誘われたドライブでした。なるほど、2時間ほど車で北上すると、間近に美しい山々が広がってきました。透き通るような雪が目にしみます。

　この国の広さを痛感している僕に「腹へったな、昼だな」と友達。入ったレストランで彼はビールを頼みます。僕のためかと思ったら自分も平気で飲んでおります。聞くと、この国では、自分の容量(体重でしょうか、体積でしょうか、それとも何かの基準値があるのでしょうか、そのへんがよく理解できなかったのですが・・・)の何%かは飲んでもいいことになっているそうです。彼の場合は0.08%とのこと(だったかな)。これも法律で決められているのです。運転手も飲んでもいい法律です。日本ではおよそ考えられない法律です。だから検問された時は警察官に正直に"飲んでます"と言わないといけないんだとか。「割合で決めたって酔いやすい人もいるのでは？」と聞くと、「そこはもう、自己判断さ」で、「その代わり、この国の人は酔っ払いをすごく嫌う、例えば酔っ払って路上で人に迷惑をかけたり、大きな声を出して騒いだり・・・。」(日本ではよく見る光景)「いや、酔っ払いだけじゃない、いわゆる公衆道徳がなってないやつは徹底的に嫌われるし、もうアカウントされない。当たり前のことなんだけど、最後は自己責任ね」。

トラペジウム 5-6号

　航空券を最終チェックするボックスの辺りで係の男性と女性がそわそわしています。お互いに何か早口で言葉を交わしながら誰かを待っているようです。ヒューストンですから確実に英語だと思いますが、早口でぜんぜんわかりません。すでに全員飛行機に乗り込んでいますのであたりは閑散としているので声がよく響きます。イライラしているようにも見えます。彼らの頭上に示されているボードを見ると、出発時刻まで後5分ほどしかないことがわかります。通常ならもうハッチを閉めなければならない時間なのでしょうが、どうしてまだ待っているのでしょう。すると、男性の係員が大きな声で叫びます。彼の叫ぶ方を見ると、一人の女性が悠々と歩いてくるのが見えます。何か言いながら歩いては来ますが決して急ごうとはしません(いいわけでもしているようです)。係員は依然としてイライラしているのがわかります。ロビーの長ソファアに座っている僕の前を通り過ぎる時、あ、と思いました。すらっとした黒人のその女性、どこかで見たことがあります(テニス選手？お姉さんかな、それとも妹の方かな？)。でもどうして走らないのでしょう。乗客は彼女だけではないのに。やっとハッチが閉まったようです。

　1時間ほどすると、ロビーがまた混み始めました。迎えのソファに若いカップルが座りました。交わす言葉はどうもフランス語のようです。穏やかに話をしていましたが、突然喧嘩をし始めました。何が原因かなど知る由もありませんが、とにかく激しくやり合っています。人の目なんか一向に気にしていません。すごいボディアクションです。みんなも見ています。何よりも一番近いのは僕です。あっけにとられて見ているとチェックインの時間になりました。二人、ややトーンは落ちましたが、先ほどのテニス選手とは反対側のゲートの中に消えるまでまだやってい

ました。また、ロビーは閑散として来ました。

　それから1時間ほどするとまたロビーが混んで来ました。今度は目の前にインド人の女性でしょうか(独特の民族衣装を見てそう思いました)、4歳くらいの子どもを連れています。何か気に入らないことがあったのかぐずっています。とうとう泣き出しました。国際便でよく見かける風景です。時差の関係でしょうか、子どもはよく泣きます。手にはＮＡＳＡのロケット(行きたかったのに乗り継ぎだから行けない)。とうとう一声、一括すると今度は迎えのゲートに消えて行きました。ロビーはまた閑散と。

　それから1時間ほどするとまたロビーが混んできました。今度は隣のソファに一目でビジネスマンとわかる人。口ひげを蓄えた紳士です。ですから中東の方の国の人なのでしょうか。そういえばイスタンブール行きの飛行機がもうすぐ出発します。彼は座るなりノートパソコンを出して懸命に何かを打ち込んでいます。きっと、帰れば大事な仕事が待っているのでしょう。そのための資料かもしれません。時々、声も出します。大きな一人ごとを言いますが当然僕にはわかりません。文章がうまくまとめられないのかも・・・。　とにかく、出発直前までキーを叩きまくっていました。またロビーは閑散と。それにしても、ほぼ僕と同時にこのロビーに来たあの若い男性。ひとつ隣の長ソファーに座るなりずっと寝ています。身動きひとつしませんから、深い眠りに落ち込んでいるのでしょう。やっぱり時差の関係でしょうか。

　新幹線や特急電車の待ち合わせと違って、飛行機の国際線は目的の国がとんでもない方向だと乗り継ぎの空港で長い時間待たされる羽目になります。僕はこの日は7時間程待ちました。したがってそれこそいろいろな光景を目にします。様々な国の人たちが現れては消えていきます。国

際線ならではの光景です。やっと、カナダ行きの案内のアナウンスが聞こえてきました。あの男はまだ眠っています。

ここはコペンハーゲン、ここでもずいぶん待ちました

外国へ行きましょう

　私見ですが、僕は今のところベトナムのホーチミン市のタクシーの運転手が、おそらく世界中で一番運転が上手だと思っています。それが言い過ぎならば、おそらくトップテンには入ると思います。路上に溢れんばかりのホンダのバイクを僅か数センチの隙間をぬって交わしながら運転する彼らは、我々日本人から見れば常識では考えられないことであり、恐怖さえ覚えますが、一種の「神業」と言えなくもないのです。
　この50ccのバイクには一人で乗っている人など滅多にいません。運転席の前に一人、後ろに一人、その後ろがお母さんであればさらに幼子を抱えています。そんなバイクたちのわずかな隙間をぬって猛烈にクラクションを鳴らしながらタクシーは走るのです。で、これはたぶん口で言ってもわからない話でしょう。自分の目で見てはじめてその実態がわかり、日本との違いを体感するのです。
　僕は常々、若い先生たちに時間（とお金）が許すならば外国を旅するように言います。もしまだパスポートを持っていない先生がいようものなら「え？まだ持ってないの？今すぐに手続きに行きなさい」と薦めます。
　僕は学校の先生というものは子どもたちに広い視野や見聞をもって接するべきだと常々思っています。理由は単純です。この広い視野こそがおよそ人を教える立場の職業にある人間にとって極めて重要なウェートを占めるものだと考えているからです。外国見聞はその大きなひとつの手段です。上述したベトナムしかり、エクアドルしかり、カナダしかりです。そこはまぎれもなく日本ではありません。到底学校にいては体験し得ない何かを感じとること間違いなしです。
　いえ、じつはこの話、外国旅行へのお誘いではありません。先生というのは学校という狭い空間だけにこもらず、もっともっと外に出て様々な経験や体験をしてくださいと言いたいのであります。この部分が重要なよう

な気がします。
　その意味では、今の若い先生を見ていると、残念ながらいわゆる「遊びが少ない」ような気がするのですが、そんな考え方をしたらいけませんかね。教育委員会の方々、いかがでしょうか。だから、夏休みに二回も海外に行ってはいけないだとか、期間が長すぎるなんて言わないでくださいよ。そこまで言いますかねぇ？（これは僕の話ではありません。念のため）

六、ちょっと考えたいこと

トラペジウム 6-1号

　人間にはいろいろな愛を持っています。持っているというのか、感じているというのか、とにかく知性を持った動物ですから、愛情も複雑にもなり、多岐にもわたるという訳です。「親子愛」、「兄弟(姉妹、あるいは兄妹)愛」、「友達愛」、「師弟愛」、「動物愛(ペットですね)」、もちろん「男女の愛」(これほど不確かな愛はありません！?)、そして『人間愛』なんて限りなく漠然とした愛もあります。これらの愛は当然、質の違った種類の愛情であり、人間はその相手によっておのずと使い分けているということになります。これはある意味ではすごいことです。

　子どもたちに「先生はみんなを愛しているんだよ」というと、もう大騒ぎになります。「やだ～」、「気持ち悪い」とか「先生、恥ずかしいことよく言うね」なんて子もいます。ま、3年生という年頃も年頃ですから、「愛」という言葉に変な意味で敏感なのかもしれませんが、「気持ちわり～」はちょっと言い過ぎだと思います。

　普通、夜店の金魚というのは長生きをしないものだと言われていますが、近所のお祭りで(偶然でしょうが)三男坊が獲得してきた2匹の金魚は5年も生きています。5年前といえば三男坊が4年生の頃です。それだけでも驚異的なのですが、もっと驚くのはその大きさです。どんどん大きくなり、今では水槽ほどの大きさになりました。ということは、高さ25ｃｍ、横50ｃｍ、奥行き30ｃｍほどの水槽ぎりぎりの大きさまでに成長したということです。ある説によると金魚や他の動物など水槽の中で飼っている生き物はその水槽の大きさ相応に成長するようになっているそうです。しかし、我が家の金魚は何を勘違いしたのか成長に成長を続けてしまい、このような状況になってしまいました。水槽を替えてあげればいいのにちょうどいいのがなくてそのままになっています。

しかし、そうこうしているうちにとうとう先日、そのうちの1匹が逆さまになってプカプカ始めました。「ああ、とうとう寿命がきたか」ということで息子にも埋める場所を指示し出勤しました。「あ、それでね、深く埋めないと猫が来ちゃうしね」と付け加えてもおきました。
　夜帰ると、彼、何となく元気がありません。金魚のことなどすっかり忘れていた僕でしたので、どうしたのかなぁ、と思っていましたら、ポツリと一言「埋めておいたよ、深く」です。今朝のことを思い出した僕は"あ"っと思い、もう一度彼の顔を見ました。そしてやや広くなった水槽にも目をやりました。
　「毎日のお前の仕事だよ」と言って金魚の世話をさせていました。世話といっても餌をやり、時々、水槽の水を替えることぐらいでしたが、5年もの歳月を繰り返しやっていると愛着もわきます。もう1匹の金魚も所在なさそうに水槽でじっとしています。いるはずの空間を見つめながら、同じ水槽の中で生活をともにした彼も一抹の別れの寂しさを味わっているのでしょう。僕も何も言わずに水槽を一緒に眺めました。

トラペジウム 6-2号

　以前、僕が新宿の四谷の学校に勤務していた時のことです。当時の校長先生は自宅が同じ方向だったこともあり、「ふ〜ん、じゃ、山手線で通うのもいいけどね、地下鉄で通うと面白いよ」と言います。言われるままに新宿から地下鉄で四谷へ通うことにしました。

　なるほど、校長先生に言われたように、いいことがいくつかありました。ひとつ紹介。僕が乗降に利用する四谷駅のひとつ先の駅は「赤坂見附」です。その駅の近くにはＴＢＳの放送局がある関係で車内で有名人を見かけることがよくありました。意外と平凡な格好をして乗ってきます。向こうはそれがねらいですからちょっと見ただけでは見逃してしまいます。でも、"コツ"をつかめば「お、乗ってる」と気が付きます。女優、アナウンサー、落語家などいろいろ見かけました。

　前置きが長くなりましたが、もうひとつ気に入っていたのは、駅の掲示板に毎月更新される「地下鉄ニュース」という広告です。地下鉄でのマナーや注意、あるいはお知らせなどがおもな内容でしたが、ただの広告ではなく、ひとひねりした工夫が毎月ありました。今でもよく覚えているのは、6人の小人が無表情（あるいは当然という表情）な顔をして電車の座席に座っている絵でした。その下のコピーはこうです。「7人の小人さんたち、もうひとりはどこ？お詰めになってお座りください」正確ではないと思いますが、内容はあっていると思います。

　なるほどと思いました。普通に座れば7人座れる座席も、まわりを気にせず、自分本位に座るとひとり座れなくなるという訳です。もう少しさりげなく気配りをしましょうね、ということなのでしょう。いわゆる公衆道徳。公共心、公徳心。

　先日、電車に乗ったら学校帰りの女子高校生らしき生徒たちが、傍若

無人に大きな声で高笑いをしていました。夕方のことですからお客さんも多かったです。すぐそばの優先席では、これも若い男子高校生とおぼしき連中が足を投げ出してさかんに携帯電話でメールをし合っています。もう論外。
　かなり古い本ですが、「不思議の国ニッポン」を書いた在日フランス人と称するポール・ボネ（じつは藤島泰輔？）、その著書の中で一番フシギなのはそれをただ見て見ぬふりをしている大人だとか。

トラペジウム 6-3号

　ポール・ボネの「不思議の国ニッポン」の本の話題が出たのでもう少し話の続きを。この本は20年ぐらい前でしょうか、何冊か連載で出ましたので、お読みになった方もひょっとしているのでは。自称、来日中のフランス人、ポール・ボネ？の目から見た日本の不思議の数々が面々と綴られている本です。爆発的に売れたと聞いていますが、なかなか風刺が効いていてユーモアもあり、通勤の行き帰りなどに電車の中で気軽に読むのに最適でした。ひとつ彼の不思議を紹介。

　「日本の大人は公衆の面前であまり子どもを叱らない。外国から来た人間にとって、これを不思議に思うのは私だけではないだろう。電車の中で走り回り、騒ぐ子どもがいても、まわりの大人はもちろん母親さえも何も注意をしない。大事な大人の会話に子どもが割り込んで平気で邪魔をしても特に叱る様子も見られない。公衆の真ん中でまわりがびっくりするような奇声を突然発しても、"〇〇ちゃんだめでしょ、しーっ"てな具合である。フランス人ならずもおよそ外国人は子どものしつけには厳しい。少なくとも他人に迷惑をかけるようなことをするものなら、それこそ徹底的にいけないということをその場で諭す。それが当たり前だと思っている人間にとっては、この日本での光景は不思議な光景として映り、日本の大人たちはじつに不可解であると言わざるを得ない」です。

　現物の本を今、実際に持っていないので、一字一句が正確とはいえませんが、概ねこんな内容です。また、別の記事でこんな話も。

　我が子が明らかに他人に迷惑をかけている時に、母親が登場し、「〇〇ちゃんだめよ、まわりの人に怒られますよ」です。まわりの人？じゃ、お母さんは叱らないの？そんな叱り方がありますか。「〇〇、いけません！そんなことをしたら、お母さん怒りますよ！」でしょ、という訳です。

で、彼は続けます。「私は日本ほど敬語が難しい国はないと思っている。ていねい語、謙譲語、尊敬語等々、挙げればきりがない。しかし、どう考えても敬語としておかしい言葉もあるような気がする。"お子様"である。「お子様ランチ」や「お子様用シート」などというあれだ。これはひとつの言葉に敬語とおぼしきものがふたつも付いている。確かに子どもは自国の次世代を担う大事な宝物たる存在である。しかし、日本はかくも大事にお子様を育てているのだろうか」

トラペジウム 6-4号

　ちょっと前のテレビのコマーシャルでしたが、サバンナの真ん中でライオンとシマウマが固く抱き合うシーンがありました。長いコマーシャルでは、それを周りで見ている現地の人々(なんとか族っていうんでしょうか)が槍を片手に涙を流して感動している場面も映ります。僕はこれを見た時、思わずふきだしてしまいました。巧みに作られたCGであると思われますが、両者も非常にリアルに描かれていて、本当に抱き合っているみたいに見えるのです。結局、何のコマーシャルなのかわからずじまいでしたが、思うにこのコマーシャルの趣旨は天敵であるライオンやシマウマでさえも抱き合うくらいの平和な世界を、ということなのでしょうか。確かに一理あるとは思います。

　しかしですね、実際にそんなことがあり得るでしょうか。天敵は限りなく天敵であって、食物(生命)連鎖なるものが存在しなくてはいけません。地球誕生の50億年前から面々と受け継がれてきた自然の摂理であります。その辺を考えると、このコマーシャル、その大前提を真っ向から否定していることになります。ライオンとシマウマが仲良くしてどーすんですか！ま、単なる1コマーシャルに目くじら立てて異論を唱えるのもどうかと思いますので、このへんで。

　ところで、先週、4年生の宿泊学習の引率で学校を3日間ほど留守にしましたが、出かける前の2組の「お約束」は"喧嘩はしない"でした。3年生もよく喧嘩をします。口喧嘩がおもですが、やや高じてくると取っ組み合いの喧嘩もあります。したがって、場面によっては僕が仲裁に入り、訳を聞きますが、きっかけはたわいもないことが多く、そのうちに両者とも収まります。で、「ゴメンね」、「いいよ」といういつもの実に形式的なやりとりで一件落着となる訳です。

しかし、僕はその時、「絶対に二度としてはいけない」とお説教をすることはめったにありません。それはたとえ言ったとしても、数日もしないうちに同じような喧嘩が起きることが容易に予想されるからです。これが子どもたちの"実態"およびまたは"本性"であります。しかし、これは異常なことではなく、むしろ自然なことと理解しています。

つまり、学校という場所で大きな集団生活をしている時期の子どもたちにとっては喧嘩の積み重ね、友達との衝突はある意味では社会性を培う非常に重要な「必要不可欠な行為」であるということです。この経験の積み重ねをとおして自らの身の処し方や集団の中での自分の役割といったものを徐々に理解し、習得していくのだと考えます。

2組の子どもたち、僕の留守中に何件か喧嘩があったようですが、少なくともライオンとシマウマが固く抱き合うよりかはよっぽどましかなと(ん〜、でも、怒ろうかな・・・)。

トラペジウム 6-5号

　僕は「太陽にほえろ」をよく見ていました。刑事物のテレビドラマで毎週完結、およそ本当には存在しないであろう"かっこいい刑事"(あんな刑事なんかいるもんか、と本当に刑事をやっている僕の友達がよく嘆いていました)が難解な事件を解決していく様は、溜飲の下がる思いでした。アクションあり、スリルあり、はたまたお涙ありで爽快、何よりもわかりやすい。時々、登場人物の刑事たちが契約の都合でしょうか、ポツリポツリと殉職していくのも他のドラマとは一味違い、テレビの前で釘付けになって見ていました。その「太陽にほえろ」、今でも出色の出来だと思っている話を紹介。ただ、昔のことなので細かな内容までは忘れましたが、記憶の糸を辿りながら。違っていたら関係者の方、ごめんなさい。

　例によって殺人事件が発生、早速、七曲署(「ななまがりしょ」っていいますね)の刑事たちが聞き込み捜査を開始します。浮かび上がった容疑者は何と知る人ぞ知る著名人。もし、彼が犯人だとすると、その影響は政界にもおよび兼ねない、これは慎重に捜査を続けなくては、と、デカ長こと石原裕次郎。しかし、度重なる捜査の結果、彼が犯行に及んだとしか思われない様々な状況証拠が出てきます。ただ、どうしても彼と被害者を結ぶ接点が見つからないのです。そこでデカ長はここは一番「山さん」にと。山さんというのはこの番組のレギュラーでベテランの腕利きの刑事です。一癖も二癖もある刑事です。なかなか渋い演技をします。あの権力の上に胡坐をかいている古狸のような大物容疑者に対抗できる刑事は彼をおいて他にないと判断した訳です。

　こうして重要参考人として連行された古狸とベテラン刑事山さんの壮絶な駆け引きの応酬が始まります。しかし、この古狸、妙に自信たっぷりでのらりくらりと山さんの執拗な取調べを潜り抜けます。まるで"こ

の私が絶対に捕まる訳がないじゃぁないか"とタカをくくっているような感じです。そんな男、見たことも聞いたこともないとしらを切ります。山さんもさすがに苦境に立たされます。でも、どう考えてもあの古狸の犯行としか思えません。長年デカをやっている山さんの研ぎ澄まされた感です。被害者との接点さえ掴めれば。決められた拘留期限は明日に迫っています。

　万策尽きた山さん、裕次郎デカ長にある相談を持ちかけます。それは最後ののるかそるかの大きな賭けともいうべきものだったからです。裕次郎、山さんの目を見て"頼んだぞ"みたいな顔をします。(だったかな)

　次の日、拘留期限が切れた古狸を前に山さんが言います。「〇〇さん、大変申し訳ないことをしました。あなたが犯人ではないということは明らかです。どうぞ、お引取りください」、一瞬、虚をつかれた古狸でしたが、それ見たことかと口元に自信に満ちた笑みを浮かべながら、「それは、それは、刑事さんも大変でしたな」などと言いながら鞄やポケットなどに預けておいた自分の持ち物を入れ始めます。万年筆、財布、眼鏡、煙草・・・、そして、最後にライターを内ポケットに入れたその時、山さん、「〇〇、あなたを××氏殺人容疑で逮捕する」、これはどうしたことかと古狸。「あなたは、今、大きなミスを犯した。先日、あなたを拘留した時にお預かりしたあなたの持ち物の中には、そのライターはなかった」古狸、顔が青ざめます。古狸、"あ、しまった"。山さん、留めの一発です。「そのライターは被害者の遺留品の中にあったものだ」古狸、茫然自失。万事休すです。

　「さよなら」をして子どもたちが教室を出た後、いろいろなものが落ちています。鉛筆、消しゴム、筆箱・・・(エ〜！筆箱？家で困らないのかな)。よく、子どもたちには「物を大事にしなさい」と繰り返し言いますが、大事にしないととんでもない結末が待っているかもしれません。

トラペジウム 6-6号

　僕は本来「夜型」の人間でした。若い頃は勉強や遊びも夜になると冴えました。ところが、結婚をして、子どもが生まれると、いつしか朝型になってしまいました。

　ところで、この週末、ある友人と自宅近くの駅前のレストランで食事をしました。レストランは2階で窓のそばの席でしたので、眼下に駅前の様子が逐一分かります。

　じつはこの駅周辺は数年前から再開発に踏み切り、昨年、大工事が完了したばかりです。まず、駅前にあった古い歴史のある私立高校に立ち退いてもらい、駅周辺に散在する小さな専門店も買収。いったんさら地にしたかと思うと、大きなスーパーを建設し、そのすぐそばに巨大なマンションを建て始めたのです。そのまわりの道路も整備拡張しました。完成したマンションは僕の家からも上半分がよく見え、決して景観がよいとは言えません。個人的には昔ながらのひっそりとしたそのままの街でよかったのですが、いつの間にか始まり、終わりました。前後の駅がすでに近代化しているので、遅れてはならじと半ば"やけくそ"でやったような感じです。

　で、今、いるレストラン、じつは当時、その古い高校があったところなんです。昔はのどかでよかったぁ、なんて友達と話しながらその近代化された駅周辺を眺めていました。すると、3歳くらいの幼児でしょうか、その例の大きなスーパーの前で元気に跳びはねているのが見えます。そばには母親らしき婦人。一緒に戯れております。時間をおかずにご主人らしき男性も登場、結局親子3人で仲むつましく、よく見かける、あの、ダッ、ダッと走って来て抱きつくってやつですね。あれを両親の間を行ったり来たり何回もやっています。いいですねぇ。ほのぼのとし

て・・・。って、ちょっと、待って。今何時？もうすぐ10時ではないですか。もちろん夜の。あの子、明らかに幼児ですよ。もうとっくに寝ていなければならない時間ではないかと思うのですが。そこで思い出すのが、昔のある一場面・・・。

　僕の両脇には5歳の長男と3歳の二男が寝ています。僕はせがまれた絵本を読んで聞かせています。ところが、その日は非常に疲れておりまして、もう、眠たくて、眠たくて読み聞かせもままならない状態でした。と、突然、顔にガ～ンという大きな痛みが。いつしかうとうとしてしまい、読んで聞かせていた本をそのまま自分の顔の上に落としてしまったのです。驚いたのは両脇の子どもたち。何が起こったのかわからず、心配そうに「ダイジョウブ？」なんて言いながら僕の顔を覗き込みます。気を取り直してまた読み始めますが、この睡魔にはとてもかないません。その夜は読み聞かせは勘弁してもらい、寝ることに。時刻は9時をまわったところです。

　「まだ遊んでる」ぽつりと独り言を言うと、「前と比べると、ここも賑やかになって、明るくなって、夜に出歩くことに何の抵抗も感じなくなってきたいうことだ」と友人。

　読み聞かせは毎晩の僕の役目でした。これをずっと続けていたのでいつしか子どもと一緒に9時に寝る習慣がつき、つまり、僕も朝型になってしまったという訳です。でも、子どもはどんなことがあっても朝型です。そう言えば、明日から読書旬間。そこのご両親、早く帰って子どもを寝かせなさ～い。本でも読んで聞かせてあげて。

トラペジウム 6-7号

　幼児のダッ、ダッ、ダッっていう話の続きをもう少し。東京都の「子ども生活習慣確立プロジェクト」が出しているパンフレットのキャッチコピーは『大人の時間に、子どもをつきあわせていませんか？』です。で、そのパンフレットの裏には「親子の生活習慣チェック」というのが載っています。ちょっとやってみてはいかがでしょう。

①　ゲームやテレビを見る時間を子どもと決めていない★
　　　　　　　　　　　　　　　　　yes　　　　　　no
②話をするとき、子どもの目を見て話をするよう心がけていない★
　　　　　　　　　　　　　　　　　yes　　　　　　no
③「おはよう」「おやすみ」「いただきます」など家庭で挨拶はしていない★
　　　　　　　　　　　　　　　　　yes　　　　　　no
④食事のときテレビをつけている★
　　　　　　　　　　　　　　　　　yes　　　　　　no
⑤子どもと一緒による９時以降にテレビを見ることがよくある☆
　　　　　　　　　　　　　　　　　yes　　　　　　no
⑥子どもの就寝時間よりもお風呂や遊びなど親と子どもの触れ合いを優
　先している☆
　　　　　　　　　　　　　　　　　yes　　　　　　no
⑦夜遅くに、コンビニや外食など子どもをつれて外出することがある☆
　　　　　　　　　　　　　　　　　yes　　　　　　no
⑧子どもが寝るときに添い寝をしたり絵本を読んだり寝かしつけること
　はしない☆
　　　　　　　　　　　　　　　　　yes　　　　　　no
⑨子どもの就寝時間が遅いときは、朝は無理やりに起こさないようにし
　ている☆
　　　　　　　　　　　　　　　　　yes　　　　　　no
⑩子どもの夜の就寝時間が少ない分、昼寝は充分とらせている☆
　　　　　　　　　　　　　　　　　yes　　　　　　no

⑪自分自身、朝食を抜いたり朝昼兼用になったりすることがある☆
　　　　　　　　　　　　　　　　　　　yes　　　　　　no
⑫天気が良くても昼間一度も子どもが外遊びをしない日がよくある☆
　　　　　　　　　　　　　　　　　　　yes　　　　　　no

　　ア、★の質問に関係なく、☆の質問にyesを5個以上つけた人
　　　　　→今すぐ生活習慣の見直しを。

　　イ、★の質問に関係なく、☆の質問にyesを3〜4個つけた人
→早寝、早起きは出来たら、した方が良い程度に思っていませんか？

　　ウ、★の質問にyesを2個以上、☆の質問にyesを2個以下つけた人
　　　　　→生活リズムに気をつけていますね。

　　エ、★の質問にyesを1個以下、☆の質問にyesを2個以下つけた人
　　　　　→正しい生活習慣ですね。

と、いう具合です。ア、イ、ウ、エのどれになりましたか。

トラペジウム 6-8号

　先日、学校の帰りに新宿に用事があり、電車に乗ろうと上りホームで待っていましたが、待てど暮らせど電車が来ない！友達と待ち合わせをしていたので、「これじゃあ、待ち合わせに遅れちゃうな、どー、なっちょるんじゃ！いったい」と半分きれかかって(あ、不適切な言葉を)線路を覗き込んだら特急が駅のそばの踏み切りで中途半端に止まっているのが見えます。ようやく乗れた電車の中でのアナウンスを聞いて納得です。「踏切を無理に渡ろうとした人がいたので確認のために停車いたしました。ご迷惑をおかけしました」とのこと。ん〜、ホントに自分本位な、と思いながら昔の出来事もついでに思い出しました。

　その日もやはり用事があって、エスカレーターでホームに向かっていた時でした。その時、ちょうど下りの電車が発車する時でした。僕は上りの電車を利用するので何気なく電車のドアが閉まるのを見ていました。すると、僕のそばを猛烈な勢いでエスカレーターを駆け下りていく男がいます。若い男です。大学生でしょうか。すると、ホームの方で「早く、早く」と声がします。エスカレーターの男は待ち合わせの時間に遅れたようです。ホームの男は発車寸前の電車にすでに乗り込んでおり、ドアのそばでソワソワしています。どうなることやらとこちらも心配で見ていましたが、ドアは男の目の前で閉まってしまいました。ああ、残念でした。2人でその電車に乗る約束をしていたのでしょう。ま、次の電車を待つしかありません。

　すると、どうでしょう。乗り遅れた男は走り出している電車の中の友達にそばの窓を開けさせているではありませんか。そして、ヘッドスライディングよろしく、電車の中へ頭から飛び込みました。電車はすでに徐々にスピードをあげているところでした。首尾よく電車に飛び込んだ

男はやれやれという顔をしています。もちろん、これで済む訳がありません。電車は駅員の合図で急停車。中の二人は駅長室へ。この間、電車は10分ほど停車していましたが、その後は僕も上りの電車に乗ってしまいましたからこの話の詳しい顛末はよく分かりません。
　自分たちはいつもの「ゲーム感覚」でやったのでしょうが、おかげで下り線のダイヤが乱れたことは必至です。とんだ迷惑。罰金もんです。彼らはいつ、事の重大さに気がつくのでしょうか。最近、このような若者たちのいわゆる軽薄な行動を見かけることが多くなったと感じているのは僕だけでしょうか "こうするとどうなる" や "これはどれだけ他人に迷惑がかかる" といった先の見通しが全く欠如しているとしか言いようがありません。
　3年生もこの「意識」や「行動」はまだまだ十分ではありません。これは発達段階から言えることなのでご心配なく。でも、電車の若者のような予備軍にならないようお互いにしっかり押さえるところを押さえて指導していきたいと思っています。

トラペジウム 6-9号

　先週の土曜日に大相撲の 14 日目なんていうのをテレビで何気なく見ていました。「朝青龍」対「琴欧州」の一番です。両者が土俵にあがり塩をまき始めるところで、例によって力士の出身地と所属部屋がスーパーで紹介されます。

　「朝青龍－モンゴル出身　佐渡ヶ嶽部屋、琴欧州－ブルガリア出身　高砂部屋」です。ん～、国際的。

　朝青龍は本名をドルゴルスレン・ダグワドルジと言ってモンゴルのウランバートル出身、かたや琴欧州は本名をカロヤン・ステファノフ・マハリャノフ(舌を噛みそう)と言ってブルガリアのヴェリコタルノヴォ(どこだかよく分からん)という町の出身だそうです。つまり、れっきとしたいわゆる「外国人」なのであります。彼ら外国人が日本の国技である相撲を堂々ととっている光景は、ま、不思議といえば不思議でありまして・・・。でも、朝青龍はモンゴルでブフというモンゴル相撲の経験者、琴欧州はブルガリアでレスリングをやっていたということなのであながちこの種の格闘技に縁がないこともないか、何てことも思って見ていました。

　ところで、この外国人力士の草分け的存在はハワイ出身の「高見山」でしょうか。高見山は、5 年間、衣食住を保障するとスカウトされ、昭和 39 年 2 月、高砂部屋に入門します。翌月に初土俵。そして、昭和 43 年 1 月新入幕、史上初の外国人幕内力士となった訳です。しかし、聞くところによりますと、彼の下積みの頃には部屋の中でもずいぶんといじめられたとのこと。本人も古来から受け継がれてきている日本独特の伝統や生活様式などに相当苦労したことは想像にあまりありますし、何かの記事でそんな苦労話も読んだこともあります。でも、苦労のかいあって、引退後は東関(あずまぜき)の親方名を襲名し、昭和 55 年に日本国籍を取

得し日本名渡辺大五郎となったとのこと。

　これは当時の大相撲界にとっては画期的なことでありまして、反面、日本古来の国技である相撲に外国人が参入するということに対してかなりの違和感を覚えた関係者も多々いたとのことです。

　そこで、待ってくださいよと。アメリカの国技は「野球」です。でも、日本人のイチローが素晴らしい記録を打ち立てればみんなスタンディングオベーションで素直に祝福して迎えます。「サッカー」はブラジルを始めとして、いまや欧州の国のほとんどが国技と言ってはばからないそうですが、俊介や英寿のシュートが決まると観客は自分のことのように大喜びです。朝青龍の優勝に「もっと日本人力士が頑張らなければ、日本の相撲界は・・・」なんて危機感をあおるような解説をしていた人がいましたが、その前に「素晴らしい優勝だ。見事な技と気迫だ」が先なのでは？強いものは強いんですって。この風潮って、単一国民国家の象徴であると分析し、憂いる人もいるとか。

　高見山は引退後、小錦をスカウトし、曙を横綱まで育てて大相撲の国際化に貢献しました。現在は大相撲中継の解説を英語でも務めているとのことです。

トラペジウム 6-10号

　で、朝青龍の話の続きですが、琴欧州を見事投げ飛ばし、懸賞金を受け取る様子を見て「あれ？」っと思いました。

　そこで、思い出すのが去年の今頃だったでしょうか、新聞に載っていた左利きについての記事です。題して「左利き　積年のフシギ」です。"左利きは何故少数？"との見解に精神神経科医師の前原勝矢氏曰く、「人間の特性とでもいうしかない。じつはよくわからないんです」というのが結論であったのが何ともあっけない終わり方でした。氏が82年に1万人を対象に利き手を調査したところ、左利きは約5%であったが、両親のうちのどちらかが左利きという条件で調べると約15%と3倍ほどに増えたということです。このことから遺伝的な要因があることは何となく推察されるということでした。

　日本は左利きへのプレッシャーが強い国とも言われているようです。つまり、日本が漢字と箸の文化という環境にあるからという理由かららしいのですが、名古屋大学の八田武志教授(精神心理学)は、75年と95年に利き手調査を行ったところ、75年の3.1%に対して95年の4.8%と増える傾向にあったということです。こちらの教授も結局、あまり左利きの研究者がいないのでよくわからないとコメントしています。調査対象の左利きを集めるのが大変なことと、研究してもわからないことがたくさんあり、学問としてもマイナーらしいのです。

　ところで、モーツアルト、レオナルド・ダビンチ、そして例のピカソも左利きだったという情報があります。で、教授は、左手をつかさどるのは右脳。右脳は音や色、画像処理などにすぐれている、左利きは右脳を刺激させるための芸術性、音楽性がすぐれると考えられる、と言っています。

スポーツをやる時も左利きが重宝されることがあります。野球ではよくジグザグ打線などといって左右の打者を交互にラインナップさせ、左バッターの有効性を際立たせたり、バスケットボールなどは局面によっては、ディフェンスをかわして左手でレイアップシュートをすることは常識のようになっています。
　我がクラスにも左利きがいますが、全く個人的には気になりません。かく言う僕もじつは左利きです。小さい時に少し矯正されたようですが、いまだに左を使う場面は多いです。
　で、思い出したのは、たしか、朝青龍は以前は懸賞金を左手で貰っていたような気がしたからです。ちょっと調べてみましたがこれは事実のようです。塩も左手でまいています。おそらく、例の古来の伝統とか風習っていう圧力がどこからか加わったのでしょうか。でも、自然に出る手がどちらが先であっても、特に問題がないというのが世界の大方の常識であり、近年、日本においてもようやくこの考え方が定着しているのは事実です。学校では習字だって左で書く子が増えています。上手に書きます。
　僕が今でも思い出すのは、左手で箸を持った時の田舎の祖母(もう他界しています)の信じられないといったような驚いた顔です。「ありゃぁ、おみゃぁさん、左利きらか！」(新潟弁のつもり)。いいじゃぁないですか、左の方が持ちやすいんだもの。

トラペジウム 6-11号

　昨日の夕刊を見ていたら、あの"いとしのビートルズ"の写真が載っていました。突然ビートルズの写真ですからびっくりしますし、しかも第一面にです。何事かと思い、記事の方を読んでみると、都内のある大手の歴史のあるホテルが本日をもって閉館するという内容でした。

　記事によりますと、このホテルは東京ヒルトンホテルが日本初の外資系ホテルとして開業したことでまず知名度をあげたとのこと。1963年のことだそうです。そして、1966年に来日したビートルズが宿泊したホテルということでさらに知名度をあげたということでした。そんなこともあってか、その後もマイケルジャクソンを始め多くの著名な外国人が宿泊したそうです。

　で、その彼らの写真の脇に書かれている説明にはこんな一文。
『ビートルズの宿泊したホテルとして有名なこのホテル、30日に閉館。老巧化に伴い、周辺の再開発に合わせて、高層の複合ビルに立て替えるため。東京の真ん中で数々の「人間ドラマ」を見続けた43年間だった』。

　ふ～ん、じゃぁ、なくなるわけじゃないんだ。なんて、記事を読み続けていましたが、このホテルのマネージャーという人のこんな記事も。
『ビートルズの最初の宿泊希望ホテルはうちじゃなかったんですよ。ある老舗ホテルが「不良みたいなものは泊められない」と断ったので、当ホテルがお受けしたんです・・・』。

　ほら、来た、ちょっと待てよー！そう来るか～。そのホテルはどこじゃ。出て来い～。

　それは彼ら、確かに受け入れられない時期はありましたけれど、今や、彼らを"不良"扱いする人なんてどこにいるのでしょうか。彼ら以降から現在に至るまで活躍している作曲家やミュージシャンの多くはビート

ルズをたぶんに意識していると言っても過言ではないのであります。ある著名な評論家も「結局彼らに帰結する」と言ってはばかりません。いいものはいい、本物は本物。決して、先入観や偏見で物事を判断してはいけませんよって。

　「ホテルに育ててもらった一人として、心を込めて最後のお客様をお見送りしたいと思います」

　何とも味のある某マネージャーの言葉ではあります。

トラペジウム 6-12号

　先日、学区域の花マップシリーズの「冬バージョン編」を子どもたちに渡しました。このプリント、じつは子どもたちの間では賛否両論ありまして・・・。渡す時にその二極化される様子が手に取るように分かるのです。ニコニコとして「あ、また出来る！」という感じのリアクションをする子たち。一方、露骨に口をとんがらせたり鼻の穴を膨らませたりして「ええ〜、またやるの〜？」っとブーイングをする子たち。

　前回の夏バージョンは「ま、出来る範囲でいいからしっかりやって提出ね」と一応、宿題にしましたが、今回は「興味のある人はやってみてね」と言って渡すのみにしました。考えてみれば、学区内に広がるあの超〜細かい草木群をいちいち現場に行って確認しながら色をぬっていくことを考えれば、気の遠くなる話ではあります。僕もきっと、拒否反応をおこして友達と"ポコペン"でもして遊ぶ方を優先すると思います。よって、渡すときに「せめてね、自分の通学路あたりは出来るんじゃないかなぁ？」なんて教師らしからぬあいまいな言葉かけをしたりもしました。

　ところが、次の朝、教室に行くと「先生、もって来たよ」と例のそのプリントを渡す子がいます。見ると、あの、超〜細かい草木群のすべてにきれいな色がぬられています。ん〜、と思わずうなってしまいました。昨日1日で学区のすべてをまわれるはずがありません。聞いてみると、ひとつひとつ図鑑や資料などを見ながら色をぬったとのこと。

　つまりですね、好きなんですね。興味があるんです。だから出来るんですよね。「これはスゴ〜イ」と言ってみんなに見せると、みんなも一瞬ひきます。「オー」という軽いどよめきも。早速、黒板に磁石でとめてしばらく見てもらうことにします。休み時間には黒板に寄ってきて見る子たち、自分の物を取り出して遅ればせながら色をぬり始める子たち・・・、

これは「へ〜、すごいね。そんな人がいるんだ」という"相手を認める"ことのひとつの好例と言えます。さらに言うと、子どもたちの日常生活において、このいわゆる軽い刺激やさりげないきっかけがとても重要な気がします。自分を高めるためには、何かの刺激やきっかけがあるはずです。こちらとしては、子どもたちにより多くの刺激やきっかけを提供していくことが大切と考えます。それで「よし、自分も何かで」と思い始めたらいいなと。お〜い、ポコペンやってる場合じゃないぞ〜。え？ペコポン？

トラペジウム 6-13号

　この前、自転車のライトが突然点かなくなっちゃって、どうしちゃったのかと思いながら、家の近くのいつも行っている自転車屋さんに。おじさん、一目見るなり、「ああ、ライト、切れたね」と言いながら、新しい電球と代えてくれました。ついでにという訳で、少し整備もしてもらいました。この自転車屋のおじさん、じつは僕が子どもの頃から知っているおじさんで、この道、ウン十年の大ベテランです。きっと半世紀近くはやってます。いつもは「また、出直してきます」と言って、ころあいを見計らって、修理完了の自転車を取りに行くのですが、この日はすぐ終わりそうだったので待つことにしました。時々、例の眼前に広がる近代化された駅前のぬ〜っと建った巨大なマンションを目にして、また「味気なくなったな」なんて思いながら見ていました。

　でも、それにしても、ほんと、おじさん、慣れたもんです。次にやることがちゃんと頭に入っていて寸分たがわずテンポよくやっていきます。まるで「どうだ、自転車の整備ってのはな、こうやってやるもんだ」と言わんばかりです。しかも、その合間に交わす会話、「必聴」の価値あり。「この辺もだいぶ変わりましたね」と僕。「ああ、変わったね」おじさん淡々。「この店は立ち退かなかったんですね」、「いや、うちはひっかかんなかったな」、「じゃ、これからもこのまま？」、「このままだ、周りがいくら変わったって、関係ねえな」、おじさん、ボルトを締め直しながらポツリと一言「もともと好きで始めた商売だから・・・」。

　思い出しますね。どっかのコーヒーのコマーシャル。名を成した陶芸家や建築家や役者が出てきておいしそうにコーヒーを飲んでいるあれです。今でもやってんのかな。彼らは何も語らずただコーヒーを飲んでいるだけなんですが、どこか説得力があるのはこの人たちに奥の深さを感

じるからなのでしょう。「一芸に秀でた者は全てに通じる」。まさにこれ。

　興味が出てきて専門知識が深まり、それが高じて職業に結びつくと、いわゆる「趣味と実益を兼ねた・・・」ということになります。

　じつはこの話、前号の何かの刺激やきっかけで「よし、自分も何かで高めてみよう」という話の続きです。おじさん、きっと小さい頃、何か刺激を受けたんでしょうね。好きなんですね、この商売。これぞ商売人。

　「ほら、あがったよ、今日は2000円だな」。

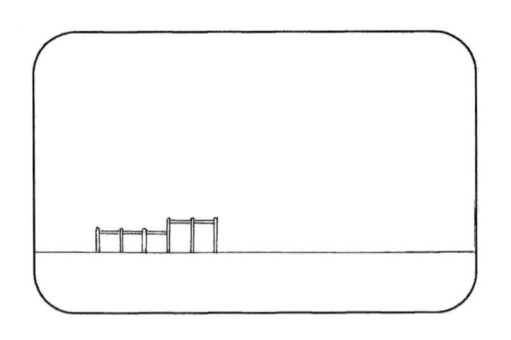

トラペジウム 6-14号

　先日、以前勤めていた新宿の小学校から一通の封筒が届きました。内容を読んでふ〜んと思いました。それじゃぁ幼稚園はどうなるんだろうと、ふと考えてしまいました。
　まだ、その小学校で勤めていた20年ほど前のことです。クリスマスも近づいたある日、まだ幼かった長男(2歳そこそこでした)のためにクリスマスプレゼントを買って帰ることになっていた僕は、とても素晴らしいアイデアを思いついたのです。
　新宿区は通常、小学校と幼稚園が併設されています。したがって、校長先生は小学校の校長でもあり、併設されている幼稚園の園長でもあります。そんなこともあって、幼稚園の行事にも校長先生、足繁く通っています。
　その日も幼稚園でいわゆる「クリスマス会」のようなものがあり、校長先生はサンタクロースの(ド派手で真っ赤な)衣装を着て、幼児たちを喜ばせていました。そこで僕はその衣装を借りて帰ることにしたのです。家に着くと、家の裏にまわり、密かにサンタクロースの衣装に着替えて、買ってきたプレゼントを大きな袋に入れ、サンタクロースになりすまし・・・、そして、おもむろに玄関の戸を叩きます。もちろん、内部の者も知り得なかったことで、その姿を見てびっくり仰天でしたが、「また、やってる・・・」みたいな冷たい目をしながらもそれなりの応対をしてくれました。
「え〜、こちらに2歳くらいのお子さんがいると聞いたのですが・・・」
「ハイ、ハイ、おりますよ」
「おお、それはよかった」と言いながらおもむろに袋の中からプレゼントを出して、「ハイ、クリスマスのプレゼントを持ってきましたよ」と奥を

覗き込みます。います、います。奥の部屋から恐る恐る顔を半分ほど出してこちらを見ています。「ほら、サンタさんが来ましたよ」と内部の人も話を合わせてくれますが、彼も突然の出来事だったようであっけにとられて足がすくんでいるのがよく分かりました。そのまま、プレゼントを置いて「じゃぁ、また来年、来ますよ」と言いながら玄関を出ました。僕は再び即座に家の裏にまわり衣装を脱いで普段の格好に戻り、何事もなかったかのごとく「ただいま」と玄関に入ります。

　内部はもう、大変です。ほとんどパニック状態。我が子、脱兎のごとく跳んできて「いまね、いまね、サンタサンが来てね」、「ほう、サンタさんが？」、「でね、プレゼントをくれたの」ってな具合です。ん〜、ま、策略は大成功で、子どもは大喜びなんですが、この予想外の反響にどう対応してよいのか、はたと困ってしまった次第です。さすがに１回限りのセレモニーでしたが、おかげでこの長男だけは小学校の３年生までサンタクロースの存在を信じていました。返って罪なことをしたような…。

　封書の内容はこの３月をもって、この小学校と近隣の小学校が統合し、四谷小学校になるというものでした。例の都会の小学校の過疎化の典型的な例です。仕方がないといえばそうなんですが、で、あの併設されていた幼稚園はどうなるんだろう、と漠然とした一抹の寂しさが。そんなことを考えていたら、昔の一コマも思い出してしまった次第です。

トラペジウム 6-15号

『外国語が入って来る時は、まず文明から先に入ってくる。言語の前に文明がある。だから言語の問題だけを考えても仕方がない。文化や文明の力が弱い民族の言語は負けてしまう。優勢な言語に巻き込まれてしまう日本は今、まさにそれ。・・・つまり、日本人は物の細密な観察や倫理、論理が苦手。水田稲作、金属使用、漢字、仏教、儒教等々、日本人が独自に考え出した文明はひとつもない。・・・感情的に他人の言語を押しつぶそうとするインターネット上の風潮、ただ感情的に気に入らないからとか、自分の意見と違う、というだけで反発し、反論する。もっと論理的に考えることを身につけなければ・・・』

先日、目にとまった新聞記事。グローバル化が加速し、以前にも増して世界共通語としての英語が台頭してきたことも彼は憂いております。

『「とてもよかったかな、みたいな・・・」といった「ぼかし言葉」の氾濫。"はっきり言いなさい"、"はっきり読み取りなさい"ということ。現在のように細かいことを突き詰めて考えなければならない時代では、あいまいなままでは通用しない。・・・言葉に対する緊張感は、事柄に対する緊張感でもある。言語に対する緊張感は決して失ってはならない。・・・自分が小さい時に覚えた言葉で自分の考えをきちんと言えるような人間にならないと・・・』

先日は成人式でしたが、テレビのニュースでは、行き過ぎた新成人たちが羽目をはずして公共物を壊している場面も。その彼らの乱暴で荒い言葉が気になっていた矢先にこの新聞記事が目にとまった次第です。

子どもが「あの先生、遊園地とかってさ・・・」と寄って来ると僕は時々、意地悪になって「・・・とか、何?」と聞き返します。意味がよくわからないとキョトンとしている子どもに「"とか"という言葉の次には少なく

とももうひとつ何か言葉が必要だよね。つまり、遊園地とか公園は・・・」
って。
　でも、僕もあまり大したことは言えませんね。トラペとかの文章、ひどいですもんね。

リンゴとかミカン

トラペジウム 6-16号

　先週、クラスのある保護者の方から気になる質問を受けました。
「モチモチの木、以前にわたしが読んだ本では豆太の言葉の部分はみんなカタカナのような気がしたのですが・・・」
　今、子どもたちに渡している「モチモチの木」の音読カード。そのカードの例の"保護者の方から"という囲みの部分に書かれていたものです。ほうっ、と思い、ちょっと原文を見に図書室へ。うん、確かに豆太の言葉の部分はカタカナで書かれていることが判明しました。教科書の豆太の言葉はすべてひらがなです。ふ〜ん、何故？と思いながらもう一度その原文と教科書を見比べた時、あることに気がついたのです。これは大発見かもしれません(ナンテ?)。
　じつはその原文にも一箇所だけ、豆太の言葉の部分がひらがなで書かれているところがあるのです。ここだけ何故かひらがなで書かれているのです。ここからは僕の推理となります。
　斉藤隆介は豆太を5歳になった子にもかかわらず夜中に一人でせっちん（オシッコ）にもいけない臆病な子どもとして設定しています。なるほど彼の発する言葉は自信のないつぶやきのような言葉ばかりです。「ジサマァ」、「ー　ソレジャァ、オラハ、トッテモダメダ　ー」、「昼間ダッタラ、見テエナァ」という具合。で、斉藤隆介、豆太の発する言葉をカタカナという文体にして、臆病な子どもの象徴として、あるいは、5歳の子どもですからまだろくにはっきりした発音で話ができないことを表現するために意図的に書いたのではないかと。では、何故、その一箇所だけがわざわざひらがなで書かれているのか。どうしてあえてその一文だけ使い分ける必要があったのか、ということです。
　豆太は腹痛を起こしたじさまを助けるために表戸をふっとばして一目

散に医者様を呼びにいきます。裸足で約2kmも走り続けます(月1回の1000mタイムより長いです)。つまり、この時、豆太は夜道を医者様を呼びに行けるほど、勇気のある子どもになっていた訳です。したがって、モチモチの木に灯がともっている様子を見た時点においては豆太はまぎれもなく「勇気のある子ども」であったことに間違いはありません。だから明確に自分の気持ちや意思を言葉に表すことができたのではないのかと考えることは可能的であります。つまり、ひらがな。
「モチモチの木に灯がともっている」
　はたしてそこまで斉藤隆介が意図的に書いたのかどうかは想像の域を出ませんが、とにかく原文ではそうなっていました。ま、でも、小学校の3年生が読む教材ですからそこまで高度な読解力は望まないということで理解していいのでしょう。でも、原文に忠実でなくていいのでしょうかね。ごんぎつねの装丁が教科書によってまちまちなのも気になります。もともとオリジナルな絵がないからかもしれませんが、明らかにそぐわない装丁もあるような気がします。これは余計なことでした。
　とにかくモチモチの木、独断的で大胆な解釈でした。

トラペジウム 6-17号

　A氏は喉の痛みを感じていました。喉の引っかかりを感じてからすでに数ヶ月を経過しています。とうとう痛みが自覚され始めたので、ある耳鼻咽喉科を訪ねることにしました。しかし、ここでは「特に異常はない」という診断でした。A氏、しばらく放っておきましたが、痛みが増してきたので別の病院に行き、また診断を受けました。ところが、ここでも「何でもない」と診断されたのです。ふたつの一応名の通った病院で診察してもらい、異常がないと言うので安心してはいましたが、痛みは徐々に増していくばかりです。そこで意を決してとうとう三つ目の病院を訪ねることにしました。はたして、ここでの診断結果は「小さい腫瘍がある」でした。早速、必要な施設をもつ病院を紹介され、入院することになったのです。

　振り返ってみれば、A氏が関わった医師はすべて専用のファイバースコープを用いて、肉眼で彼の喉を診た訳なのですが、前二者の医師は完全に疾患箇所を見落としていたことになります。特に「気のせいでしょう」いう言葉を発した医師には、今でも腹立たしさを感じないではいられません。

　喉の辺りに疾患部があるか否かという点については、医師は患者の訴えをもとにある程度の見当をつけて診なければならないはずです。しかるに、前二者の医師のファイバースコープは患者の喉をただ単に素通りしていったことになります。

　この事例は医師の技術に関することですが、同じことが教師の技術に関しても言えるような気がします。一般の教師の力量を論じる際に、教師の仕事は医師の仕事と比較されることが多く、それは医師の診断や治療に似た行為が教師の仕事に多いからではないでしょうか。医師は患者

の中に病的な現象を認め、診断し、治癒させる仕方を案出しなければなりません。この時、医師の前にあるのは、「病気という事実」と「医学の法則的な知識」とのふたつだけであります・・・。

と、じつはある大学教授の「教師に求められる授業力」論を紹介しています。筆者の言う「病気という事実」とは、授業の場合でいえば、学習状況下の子どもが示す「ある事実」であり、「ある症状」であるかもしれません。一方、「医学の法則的な知識」とは、その教材がもつ「特性」とか「教材への知識」に他ならないと考えます。

つまり、子どもたちの事実や実態から出発するという当たり前の教育観に立てば子どもを「見る」、あるいは子どもが「見える」は教師の重要な能力であり、さらに言うならば、子どもの掌握力にすぐれた教師は、子どもたちがよく見えていることになる訳です。前二者の医師はすでに論外です。そして、このことはいわゆる「授業力」を形成する不可欠な要因であることに異論なしです。

長々と書きましたが、本来、教師のあるべき姿を鋭く突いた論説であると感じた次第です。まだまだ勉強不足。

トラペジウム 6-18号

　ある新聞記事。場所はドイツの南部。今から約1億5000万年ほど前(ジュラ紀後期)の地層から新種の小型恐竜の全身骨格化石が発見されたというのです。近種の恐竜といえば羽毛を持つ恐竜が有名だそうですが、この恐竜の化石には"うろこ"の跡が残っていたということです。発見した研究チームは"羽毛がうろこに先祖がえりした可能性"を指摘。

　これまでの研究では、ジュラ紀後期から白亜紀前期に、この同種の仲間がうろこではなく羽毛を持つようになり、鳥類へ進化していったと考えられているのです。この「恐竜から鳥へ」という説は現在ではかなり有力であることは事実です。そして、識者は「いずれにしても、恐竜から鳥への進化の流れには変わりはないのだろうが、この発見から、もっと多くの恐竜の化石を発見する必要が出てきた」とコメントしています。

　・・・必要が出てきた？ん〜、ちょっと待てぇ、そうくるか？また、言いたくなりましたよ。

　宇宙の話もそうですが、こうなんじゃないかなと思っていると、ひょこっと、それを覆すようなものが登場して研究者たちを混乱させ、まだまだ結論を出すのははやいぞって、そういうのってよくある話ですよね。だって、なんせ、みんな現場にいた訳ではないんだから確信をもって言えることなんか本当は何ひとつない訳で、みんな想像の域を脱してない訳で、何とも煮え切らない話な訳です。

　だから、そんな明らかな確証を握るまで研究を断固？続行するなんて言わないで、別にそんなに頑張んなくたっていいんじゃないんですかって、いっそここら辺で。"むかし恐竜みたいな生き物がいて、随分地球に住んでいたようだけれど、なんかの理由で滅びちゃったんだってね"じゃだめなんでしょうか？やっぱり、考古学みたいな学問立ち上げて、し

っかりと過去を究明しなくちゃだめなんですか？天文学しかり。宇宙の起源を解明しなくちゃだめなの？その先は哲学しかありませんよって。なまじ"知性"なんか持っちゃったばっかりに、人間ってそんなことばかりに夢中になりすぎてるんじゃないですかね、きっと。人間ってもっと素朴でいいんじゃないんですか、素朴で。なあんて、この頃、感じるんです。でも、悲しいことにもう元に戻れないのが人間の悲しさでもあるんですよね。考古学者、天文学者の方々、ごめんなさい。

トラペジウム 6-19号

　4人のクルーが船内の冬眠ベッドから目覚めてみると、"ある惑星"に不時着しています。約6ヶ月の宇宙探査を終えて、地球への帰路に着いていた宇宙船でした。光速で移動していた宇宙船ですので、6ヶ月間の旅でしたが、理論上は地球の時間でいえば700年を経過しており、地球は西暦3978年ということになるというのです。4人はこの時間の隔たりを覚悟してこの探査に参加したのでした。帰還した時点の地球は顔見知りの隣人もいなければ通いなれたレストランさえありません。とんでもない未来ということになります。しかし、帰還は失敗でした。

　「どうして予定通りに地球に帰れなかったのか」と問う船員に、船長は「多分、計器の故障が原因だろう。そのため地球からおよそ320光年ほどのところにあるオリオン座付近の恒星の中の名も知れない惑星にずれ込んで着陸したんだろう」と推測します。船員の一人は頭上の太陽を見上げながら「じゃぁ、あの恒星はベラトリックスか・・・、それにしては明るいな」と呟きます。

　そして、有名なラストシーン。「・・・なんてことだ。俺は帰って来ていたんだ。バカどもめが！とうとうやってしまったんだ。おろかな人間たちめ。地獄で苦しめばいいんだ・・・」と愕然として海岸に横たわる朽ち果てた自由の女神を眺めながら吐きすてるように独白します。

　このＳＦ映画は「核」という愚かな"宝物"を持ったがゆえの人類の悲劇を痛烈に風刺し、人類の危うい未来に警鐘を鳴らしています(たかがＳＦ映画ですが)。

　勤めて間もない頃、高学年(6年生でしたね)の国語の教科書に「核」の脅威についての説明文が載っていました。核の有効性や危険性についての詳しい説明文でした。当然、そのテスト(ワーク)もあり、学習後、行い

ましたが、最後の問題に

「人類がもし核戦争をしたらどうなりますか」

という設問があったのを覚えています。およそ国語のテストの問題らしからぬ、と思って今でも覚えているのです。

だから、好きなんですってば、この手の問題。答えがひとつじゃないってやつですね。子どもたちが書いた回答、覚えている限り列挙してみます。

- ・地球が滅びる
- ・生き物がいなくなる
- ・今までの文明がだいなしになる
- ・すべてが消えてしまう・・・
- ・未来がない
- ・地球がなくなる
- ・人類が全滅する

で、僕が今でもよく覚えている答えがあります。

「人間はそんなこと絶対しない」

これは○をあげました。「オレは生き残る」っていうのがありましたが、これはちょっとね。

中国ウィグル自治区の北、三塘湖近くの広大な砂漠。核戦争後の地球ではありません

トラペジウム 6-20号

「日本のテレビ、"食べているか、ふざけているかのどちらか"という感想しかもたない外国人・・・」と新聞で嘆いていたあるコメンテーター。言われてみれば確かに多いこと。旅の途中でその土地の名物を食べて舌鼓を打っている番組の一方では、昆虫になぞらえたおかしな衣装を着てどうでもいいような記録を必死になって競っているコメディアンたち。お決まりのようにスタジオには笑い声です。

で、気になるのは時々現れる字幕スーパー。登場人物が言ったことをそのままスーパーでながします。これは聴覚障害の方のためにしていることではもちろんないことは明らかです。意図的です。いつからこんな手法が採用されたのか、今ではもう当たり前のようになっています。

かつて、テレビが日本に登場し出した昭和20年代の後半、「これで人間は堕落の一途を辿る」と有名な評論家が嘆いていたということですが、ラジオと比較すると明らかに想像力(ついでに創造力も)を低下させていることは確かかもしれません。

ちょっと、横道にそれますが、もうすぐ野球シーズンの到来です。僕は中継はラジオの方が断然面白いと思います。その場その場のシーンを想像しながら聞くのがいいんですね。特に9回の裏、2アウト、満塁。乱闘シーンも面白いです。で、その字幕スーパー、この"堕落"に拍車をかけるような気がすると思うのは僕だけでしょうか。

よくよく考えてみると3年生の子どもたちが物心ついてテレビを見始めた頃には、すでにこの字幕があったような気がします(たぶん)。と、言うことは、子どもたちにとってみれば「あって当たり前」ということなんでしょうね、きっと。もし、突然でなくなったら子どもたち戸惑うでしょうね。何か物足りない気がするんじゃないでしょうか。「あれ、言葉

が出ない。これじゃぁ、何言ってんだか分かんないよ〜」なんて・・・。
あ、もうひとつありました、最近のテレビ。

ミステリーです。たいがい2時間枠です。で、これもお決まりの誰かが死なないと話が進まない、つまり殺人事件が発生しないと面白くないと言わんばかりなんですね。よく死にます。多い時で4人ぐらいかな。

したがって、最近の日本のテレビ、「何か食べてるか、ふざけているか、誰か死んでいるか」って。ん〜、話の核心に触れられなかったかな。

毎週、毎週、パトカーもいい迷惑？

トラペジウム 6-21号

　いつか見たテレビドラマのお話。その若い女性は"顔"のことで深刻に悩んでいました。最新技術を駆使した整形手術を何度となく受けましたが、結果は彼女自身ももちろん、決して医師の期待どおりにはなりません。医師たちも彼女のために考えられるあらゆる手段を講じ、最善を尽くしますが、現代医学では、どうしても限界があることを残念ながら認識せざるを得ません。彼女も繰り返して施される手術の結果に落胆の色を隠せません。いつも白い包帯が巻かれている彼女の姿は、見る者にとって哀れを誘うばかりです。いえ、彼女は決して高望みをしているのではありません。ただただ、"みんなと同じ顔"をもちたいだけなのです。でも、医師たちは、障害となっているのはいわゆる"遺伝子の問題"であり、「突然変異」とも言うべきもので手術が極めて困難であることを彼女に告げるだけです。

　とうとう、最後の重要な手術がやってきました。この手術が失敗すれば彼女の望みは永遠にかないません。これが最後のチャンスです。

　数時間におよぶ手術がおわりました。毎回の手術同様、1週間ほど顔に包帯を巻いて皮膚を外気にさらすことなく様子を見ます。その間も彼女は夜も眠れぬ日々を過ごします。また同じような結果だったらどうしよう。彼女はそればかり考えます。

　いよいよ包帯を取る朝が来ました。医師たちは慎重に顔全体に巻かれた包帯をゆっくり取り外していきます。－どうか、手術が成功しますように－、彼女は一心に祈ります。包帯が取り去られると医師から手鏡を渡されます。彼女は恐る恐るその鏡の中を覗き込みます。そしていよいよ彼女の顔がテレビを見る我々にも初めて知らされます。

　はたして鏡に映し出された顔は色白で目鼻立ちがすっきりして絶世の

美人ではありませんか。手術の跡も全く見られません。彼女の顔は我々テレビを見る者にとっては"みんなと同じ顔"どころかむしろ"美しい顔"として映ります。彼女は目にいっぱい涙を浮かべて鏡を見続けます。そして、泣き崩れます。手術は成功です！

　・・・いえ、いえ。次の瞬間、医師たちがそれぞれにつぶやきます。「ああ、だめだ」、「全然変わってない」、「最後のチャンスだったのに」、「・・・失敗だ」、え？

　その時、初めて今度はテレビの画面が医師たちの顔を映し出すのです。そしてその顔はテレビを見る者を仰天させます。想像を絶する恐ろしく醜い顔が次々と映し出されていくのです(スターウォーズに出てくるような訳のわかんない異星人みたいなの、アレ)。このドラマの監督はいったいどういう美的感覚をしているのだろうかと思ってしまうくらいです。この世界は(この惑星かな)、美的感覚が全く逆転している世界なのです。つまり医師たちの顔の方がノーマルなのです。彼女は悲しみにくれ泣き崩れるばかりです。ドラマはここで終わりです。人間の常識・盲点を巧みに突いた筋書き。発想の転換の妙。

　我々は子どもたちを見る(観る)時、いつも世間一般の常識、一種の固定観念を抱いて見てはいないでしょうか。それが盲点となってその子どもの隠れた意外性やその子の独自の個性に気がつかないでいることがあるのかもしれません。我々も、教師として、あるいは親として、発想の転換が時として極めて重要となる場合(場面)があるということをこの風刺劇から学ぶことができるような気がして。

トラペジウム 6-22号

　僕が以前、杉並区の小学校に勤務していた頃、ある生活指導関係の会(正式には「生活指導主任会」と言います)に参加した時のことです。区内の各校の生活指導関係の仕事を中心にやっている先生たちばかりが集まる会でしたから、それぞれの学校のいろいろな取り組みや子どもたちの様子が伝わってきます。

　その日の話し合いの内容は、児童生徒における最近の生活習慣の乱れに関することでした。「うちの学校は寝不足の子どもが多くなってきている」や「本校は遅刻も目立ち始めている」等々、いろいろな情報がかわされます。すると、ある学校の先生が突然、「我々は学校で子どもたちに"早くしなさい"と一体何回ぐらい言っているだろう」と言うのです。子どもたちの生活習慣の乱れを憂えるのもよいが、その前に生活習慣をしっかりと身に付けさせるような余裕のある環境作りを学校でも家庭でも作ってあげているのだろうか、という訳です。我々があまりにも設定された時刻や時間を作り過ぎ、大人も子どももそれに縛られ過ぎていないだろうか、で、子どもたちに何をするにも「早くしろ」、「急げ、急げ」とあおる結果になってないか、これでは身に付けさせようとしている生活習慣も身に付かないのは当然ではないか、と、その先生。今の子どもたち、とにかく忙し過ぎる、学校や家庭で子どもが本当にするべきものを見直し、精選していく必要があるのではないか、と言うのです。

　唐突な発言でしたが、話を聞いているうちに"確かに"と思う部分もありました。僕は？「早く体育館に行きなさい」、「早く掃除をしなさい」、「早く教科書を出しなさい」とどめは帰る子どもの後姿に向かって「会議があるから早く帰りなさい」です。優に50回以上は数えるでしょう。もう口癖です。当時、僕は6年生を担任、頃は10月、秋の運動会間近の

時期でもありましたから確かに子どもたちも忙しそうでした。
　学校という社会で集団行動や集団生活を成り立たせていくためには、もちろん一人一人が時間内にしっかり行動することは大事なことです。しかし、いくらなんでも1日に50回以上も「早く」を言わなければならない状況下での生活は異常かもしれません。ひょっとすると、子どもは学校から帰ると今度は家でも同じぐらいの回数の「早く」を言われているのかも？昨日は学区の安全マップ作り。「早く外に出なさい」。

トラペジウム 6-23号

　突然、ビートルズの話になりますが、彼らが出した「アビイ・ロード」というアルバムはグループとして最後に出したアルバムです。日本では「レット・イット・ビー」が最後に発売されましたから、それが最後と思っている人が多いようですが、じつは「アビイ・ロード」です。このころの４人はもう、てんでバラバラにやりたいことばかりやっていてまとまりがなく解散間近となっていましたが、ポールの"最後にもう１枚みんなでやろう"という一言で話がまとまったということです。当時のコピーは

　"Ａ面の野性味、Ｂ面の叙情性　－何人も否定し得ぬビートルズ・ミュージックの錬金術－"

です。驚異的な枚数が売れたアルバムで今もまだ売れ続けているそうです。

　下の写真がそのアルバムの表紙となった写真です。彼らはこれからポールの葬式に行くところです。写真右から葬式主催者(喪主ですか、支配人ですかでジョン・レノン、二番目が牧師でリンゴ・スター、最後に墓掘りでジョージ・ハリスンです。で、この三番目に"亡くなった人"の役でポール・マッカートニーがいます。いかにもジャケットをだらしなく着て、裸足なので雰囲気が出ています。皮肉なもので、ジョンは暗殺され、ジョージは癌ですでに他界しており、当の本人のポールは今も元気に演奏活動に奔走しています。リンゴはよく分かりませんが、元気のようです。

　かっこいいですよね。あのようなラフなジャケットを着て、裸足で、歩き煙草をしながらあの有名になった横断歩道を歩いて。でも、本題はこの彼が持っている煙草の話です。あんなことを書きましたが、じつは

僕は煙草は全く吸いません。
　煙草が人の身体によくない影響を及ぼすことは周知の事実です。そんなことは数々の医学書や新聞、テレビその他の雑誌などで報道され続けており、喫煙の危険性が明確に指摘されています。高血圧、動脈硬化はては癌(肺癌だけではあません)に至るまで喫煙が元凶とされる症例は枚挙にいとまがありません。煙草に含まれている主な成分には、ニコチン、タール、ナフチルミン、一酸化炭素、アンモニア、カドミウム、NOX(窒素酸化物)等々、きりがありませんがいずれも有毒物質および強力な発癌物質として認知されています。
　煙草の話をすると「主流煙」と「副流煙」という言葉をよく耳にします。主流煙というのは、喫煙者が吸う煙を言います。副流煙というのは、煙草の先から出る煙を言います。問題なのは、副流煙の方が主流煙よりもこれらの有毒物質の濃度が非常に高いということです。灰皿の上の吸いかけの煙草からたち上る煙が典型的な例と言えます。非喫煙者が知らずにこの煙を吸い込んでいる場面はよく見かけるところです。
　また、最近「受動喫煙」いう言葉もよく耳にします。他人が吸った煙草の煙を吸ってしまうことを言います。このことは「非喫煙者は自分の意志とかかわりなく煙草の被害を受ける」ことになる訳です。言ってみれば"不本意な喫煙"です。喫煙者ならまだしも非喫煙者、つまり、煙草を吸う意志がない人にこのことが及ぶと大きな問題であり、近年、これを防ぐための取り組みや方策が課題となっていることはご存知だと思います。問題はその非喫煙者が大人ではなく子どもだとしたらこれは極めて問題でありさらに一層の危険が伴うと言わざるを得ません。
　4月当初から気になっていたことですが、僕のそばに寄ってくる子どもたちの中に残念ながらかすかではありますが煙草の臭いのする子がいました。子どもたちの衣類や身近にある物にまで煙草の臭いがしみ付く

ような状況下を想像すると、当然のことながら、彼ら(彼女ら)は煙草の副流煙を吸い込み、受動喫煙がされているのではないかと考えざるを得ません。

現行の学習指導要領における小学校の保健の学習の中に「病気の予防」という項目があります。おもに高学年の6年生が学習する内容ですが、その中に「薬物乱用の害」という事項があります。近年の社会情勢をかんがみて早期に指導(学習)の徹底を図るべきであるとの文部科学省の答申から導入されたと聞きます。

大人である保護者のみなさんに「禁煙を」と呼びかけているのでは毛頭ありません。ただ、もし、これまでの話の流れが少しでもご理解いただけたのなら「どうか、我が子のいる前での喫煙はお避けくださると幸いです」と申し上げても決して僭越なことではないと思いますが。

アルバム 「アビーロード」の表紙

トラペジウム 6-24号

　日本のとあるレストラン。家族連れのお客がメニューを眺めながら、何を食べようかと話し合っています。父親らしき男性がまだ幼い我が子に言います。「○○ちゃんはお子様ランチでいいよね。いろいろなものが食べられるよ。」子どもは何も言わずにその言葉に従います。

　ところ代わって、ここはアメリカのとあるレストラン。同じような家族連れ。父親がまだ幼い我が子に言います。「何を食べたいか？」子どもはメニューの写真を見ながら一心に考えています。で、「これ」と。すると、父親は「それでいいのか？」と言い、他のメニューも紹介をして情報を与えます。一度は決めた子どももその父親の言葉にもう一度メニューを眺め直します。父親は(母親も)子どもが自分で決めるまで待ちます。

　この両者の違い、お分かりですね。およそアメリカの親は小さい子どもにこのように食べたいものを"本気"で聞き、子どもからそれ相応の返事のあることを期待するといいます。聞かれた子どもはその選択に当たって、自分の知識や能力の範囲内で自分なりに"本気"で考えて、真面目に返事をしなければならないことになります。その答えが親の考えを満足させる範囲内のものなら親は承知し、そうでなければ追加の知識を子どもに与えます。つまり、知識や経験の乏しい幼い子どもにさえも最終的には「子どもが自分で決める」というかたちをとらせるというのです。この結果、アメリカの子どもは「自分の食べたいものは自分で決めなければならない」という習慣がつき、かたや日本の子どもは「親が決めてくれるので自分はそれに逆らわないほうがよい」という習慣が自然に身についてくるという訳です。

　これは極めて典型的な一例と言えますが、子どもたちの「自立性」を考える時、いわゆる「社会的な教育目的」をもっと見据えなければいけない

ということなのでしょう。もちろん、個々の技術や能力の競争的な向上心を養うことも必要かもしれません。でも、それだけで社会が成り立っていったらこの上ない殺伐とした社会になってしまうのは必至です。社会全体としてのバランスの取れた「自立性」、つまり、「社会に出た時に他人にお世話にならないで自分で生活の出来る能力を身につける」教育、子どもが大人になった時、「人に頼らず自力で生きていける人間に育てる」教育、でしょうか。

エクアドルの首都クィトから南へ車で2時間弱、マチャチという小さな町の子どもたち。みんな夢をもって元気に生活しています

トラペジウム 6-25号

　アメリカの宇宙飛行士のジム・アーウィンはアポロ15号で月に行きました。アポロ計画は3人でクルーを組みますが、そのうち2人が月に降り立ちます。計画通り月面着陸に成功後、アーウィンはスケジュールに従い、月面歩行を開始、月の石の採取に入ります。しかし、地球に持ち帰ることが出来る量には限りがあります。いろいろな形や種類の石を眺めながら「あれかな」と目ぼしい石に手を伸ばした時、どこからか声が聞こえてきたのです。

　　　　ーその石を拾いなさいー

　アーウィンは辺りを見回します。着陸船に待機している飛行士や地球で見守る管制官にも確認をとりますが、交信した事実はありません。彼はもう一度あたりを見回します。ただただ荒涼たる殺伐とした広大な月の砂漠が目に入ってくるだけです。彼は言われるままに目の前の石に手を伸ばします。彼はこの時、これが"神の啓示"だと理解するのです。この後、アーウィンはNASAを辞職し、伝道師となり「ノアの箱舟」を探し始めます。

　華やかで羨望の眼で見られるほどの「宇宙飛行士」という職業に従事し、最先端の科学とたくましい心身を身に付けた人間が、月からの帰還後、どうしてこのような道を選択するのでしょうか。おそらく我々には理解できない"変化"が彼の心の中で働いたのは確かでしょうが、それは何だったのでしょう。もし、アーウィンが月に行くようなことがなければ、彼の言う"神の啓示"にも遭遇せず、そのような彼の将来はあり得なかったかもしれないのです。

　長い進化の歴史の中で知性を持ってしまった人間は"人間とは何ぞや"、"人間はどこから来たのか"という本質的な哲学的命題と常に背を合わ

せるようになり、そして、この命題を抱える生命体が果てのない神秘に満ちた宇宙を目の当たりにした時、彼のように突然、答えが表出し、そして、何の疑問の余地なく瞬時に悟ってしまう・・・でしょうか。

　じつは、彼のような道を辿った飛行士は他にもまだたくさんいます。NASAは宇宙飛行士に詩人や思想家などを当然採用はしませんでしたが、結果として、詩人や画家、超能力研究家そして政治家までも生み出してしまいました。宇宙での体験は宇宙飛行士の人生を根底から変えてしまうほどの何か大きなものがあったと考えざるを得ません。

　アポロ計画最後の船である17号で月に行ったジーン・サーナン飛行士は「宇宙船と遠くに小さく見える地球、その両者を取り巻く全ては生命のかけらもない死の空間である。あそこに帰れなければ自分は死ぬしかない。地球、すなわちそれは宇宙の中で唯一の生命にとってのよりどころなのだ」と回顧します。

　ある評論家は言います。「いっそ、今、争っている国々の大統領や首相をひとつの宇宙船に乗せて月にでも行かせるといい。帰ってきた彼らは"争いごとは無意味だ、人類は手をとりあうべきだ。みんなで平和な地球にしよう"と口をそろえて言うに違いない」。(は〜、そう、うまくいくかしら)

ひとりごと　その二

　僕が国分寺の小学校に新採で勤め始めた頃、よく定期的に同期で集まり、情報交換をしたことを思い出します。その時の同僚たちの話、今でも忘れられません。
「うちの校長さ、職員会議があっても『お前は会議、出なくていいから、外で子どもと遊んでこい』って言うんだよな。ラッキーって」
「でもさ、それさ、『お前なんか、会議に出ても役に立たないよ』ってことじゃないの？」
「じゃなくって、若いんだから、体動かせってことかな」
　この三人の会話、どう解説したらいいのでしょう。その校長先生がもし、最後の同僚が言ったとおりの意図であったとしたら、「言いも言ったり、校長」です。我々教師の基本はまずは児童理解から始まります。クラスを担任するのであればなおさらです。子どもといる時間が多ければ多いほどそのチャンスは広がります。そのためにはいかに時間をかけて子どものそばにいてあげることができるかです。
　ところが最近はどうでしょう。僕の例を挙げると大変です。職員室に戻るたびに机上に書類が増えています。そのほとんどが報告書の類です。立場上、しょうがないのかなととなりの新採の子の机上を見ると僕の机に負けず劣らず書類が積まれています。机上の整理整頓云々を言っているのではありません。やっぱり明らかに報告書類が多いようです。聞けば先日、同じ市内に勤めた同僚の研究授業を参観にいった際の報告書がまだ書けていないとのこと。かくしてこの新採の先生、放課後、せっせと報告書書きに追われます。でも、今日は子どもたちを例の「早く帰りなさ〜い」で即、会議の日でした。そこで、ふっと昔のことを思い出します。昔といっても新採時代の大昔ではなく、つい最近の10年ほど前です。こんなに書くものや会議が毎日のように入ったかな。

新規採用の教員は初年度、校内で300時間程度の研修を受けなければいけないことになっています。さらにその他にも、午後に研修や授業研究が入り、出張です。したがって、受け持っているクラスをあける事態が頻発に起こります。そうかと思えば、今日は時間が空いたから子どもたちとゆっくり話でもと考えているとこの会議です。新採であるからこそ、クラスの子どもとの人間関係が重要になってくるところをこのような事態に見舞われます。したがって、思うように子どもたちの心をつかむことが出来ない、結果、クラスが荒れる、という構図が出来あがっても何らおかしくはありません。むしろ、当然の構図が成立しているといっても過言ではないかもしれません。この悪循環はいまや新採の先生ばかりか我々ベテランの先生たちにも及んでいます。最も基本中の基本である「子どもたちに帰る」ことができない、という状況はどうして生まれてきたのでしょう。
　週休五日制になって久しいですが、土曜日にやり残した仕事を片付けに来る先生も少なくありません。授業の基本である教材研究もろくに出来ない先生たち、これでゆとりのある教育など出来るはずがありません。いくら叫んだところで現場の先生たちの声など届かないんですよね。行き着くところまで行きますか？ちょっと、怒っております。

七、僕の専門分野の話もちょっと

トラペジウム 7-1号

　以前、やはり3年生の子どもたちを担任していた時、こんなテストをしました。下の図のようなランダムに並んだ10桁の数字が書かれたカードを子どもたちに10秒間見せます。10秒後、カードを伏せ、直ちに回答用紙にこの10桁の数字を再現させます。カードは数字の配列を変えたものを何種類も用意しておきます。そして、1回のテストにつき5種類のカードを提示し、その都度、カードの数字を再現させます。その後、全員の回答用紙を回収し、採点します。採点方法は1数字合えば2点、したがって、1カード10桁ありますから全数字正答で20点、そして、このカードを5枚見せた訳ですから5枚のカードの全数字が正答すれば100点というきりのいい数字になります。

| 5 | 8 | 9 | 2 | 3 | 5 | 7 | 0 | 2 | 1 |

↑テストに使った乱数カードの1枚

　このテストを「前夜の睡眠時間が十分に確保されていないと予想される日」（週明けの月曜日や連休明けの日などですね）と「前夜の睡眠時間が比較的確保されていると予想される日」（週央の水、木曜あたりの生活リズムが安定している日などでしょう）をそれぞれ十数日ほど不定期に抽出し、登校直後の朝自習の時間を利用して子どもたちにテストをしたのです。もちろん、テスト日の前日の個々の睡眠時間も調査して、平均値を出しておきます。

　人間の記憶力には、比較的長期にわたって記憶が可能な「長期記憶力」、短時間しか記憶ができない「短期記憶力」および瞬時に記憶がなされる「瞬間記憶力」があると言われています。上記のテストは、「乱数記憶再現テスト」といって、このうちの「瞬間記憶力」のスケールとなるテストとさ

れています。もし、得点が低ければ脳はそれなりの活動しかしていない可能性が高いということです。で、テスト後、以下のような結果を得ました。

> ◎前夜から次の朝にかけての睡眠時間の平均値が540分(9時間)以下であると、それ以上の平均睡眠時間(少なくとも40分以上)を確保した日よりも乱数記憶テストの平均得点が男女とも概ね低くなる。

もちろん、この結果はその傾向を認めたということです。テスト日の気象的条件や朝起きてからテスト時刻までの間隔が個人でまちまちであること、また、本来的に数字に強い子、弱い子もいますので、断言できるものではありません。しかし、十数回にわたってテストした後の結果ですので、そこに睡眠時間の多少(長短)が何らかの形でかかわっていると考えることは十分可能的です。

一般に基本的生活習慣というと①適度な<u>運動</u>②バランスのとれた<u>栄養</u>③必要に応じた<u>休養</u>④身の周りの<u>環境</u>（整理整頓など）そして⑤適正な<u>睡眠</u>があげられます。発育途上にある子どもたちにとってはどれも重要な項目ばかりです。上述した結果は特にこの時期の子どもたちの睡眠の重要性について、大いに注目する必要があると言わざるを得ないということを示唆しているものと思われます。

1時間目からボ〜っとして宇宙のかなたを見つめながら"交信"している子どもたちを見るにつけ、改めて睡眠の重要性を認識する次第です。「年齢に応じた適正な睡眠時間の確保」。ご協力を。

トラペジウム 7-2号

　Kちゃん、一心にテレビを見ています。何年か前に例の声優の総とっかえで話題になった「ドラえもん」です。Kさん、だいぶ慣れたといっても「やっぱ、まえのドラえもんの声の方がいいなぁ」なんて時々思い出しながら見入ってます。そこにお母さんの声、「Kちゃん〜、今日の宿題、やったの〜？」。Kちゃん、返事をしません。もう一度お母さんの声。「Kちゃ〜ん！お返事は〜」。Kちゃん、依然としてテレビに見入っています。もう、"あったまに来た"お母さん、近くに寄ってきて「K〜！！」。Kちゃん、かくして散々お母さんに叱られることになります。よく起こりがちな光景と言えば言えないこともないですね。でも、ちょっと、ここで少しKちゃんを助けてあげたいと思います。

　あるフランスの脳生理学者が猫を使ってこんな実験をしました。音を聞くという神経の中枢のところに電位変化がわかる電極をあて、始めにブザーを聞かせます。その結果、明らかな電位変化が認められます。確かに猫が音をしっかり聞いていることが分かります。この時、猫の目の前にネズミを置いて見せます。すると、とたんにこの電位変化が消滅してしまいます。で、また、ネズミをどけると再びブザーを聞いているという電位変化があらわれるのです。似たような実験をサイクルなどを使って数量的に実験した人もいるようです。

　話の意味がお分かりになれましたか？この実験は見るという中枢が活発になると聞くという中枢が押さえられてしまうという実験です。脳というのはこのようにある働き(中枢)を強化するとその周りの働きが弱まるという性質をもっているといわれています。これを脳の「周辺抑制」といいます。この周辺抑制という性質はじつは、子どもの教育を考える時の「重要なポイント」となるような気がします。例えば、いわゆるもの

を覚えこむという、記憶の中枢のみを異常に強化しようとすると、例えば、新しいことを工夫したり、将来のことを計画的に考えるというような部分の中枢が弱くなるのではないかという危惧です。

　このような例は形を変えて新聞やテレビのニュースなどでさかんに報じられていると感じるのは僕だけでしょうか。最近、特にこの思いを強く感じます。

　確かに「機能局在」といって特定の中枢を際限なく(人によるのでしょうが)発達させることは可能と考えますが、問題は「脳に存在する様々な中枢を平均的に総合的に発達させることこそが重要なこと」なのだと考えます。

　そこで思い出すのが「よく遊び、よく学べ」です。昔からなんとなく言われている格言。生理学も解剖学も医学さえも満足に発達していなかった時代の昔の人たち、このことを知っていたのでしょうか。感服する次第です。したがって、Kちゃん、決して態度が悪かったという訳ではなかったと思うのですが・・・。

トラペジウム 7-3号

　先日、運動会のリレーの選手を決めなければいけないということで、3年生の3組合同で80m走のタイムを録りました。ま、"憧れ"のリレー選手になれるかどうかという場面ですから、可能性のある子にとってみれば極めて重要なことでありまして、走る前なんか、「う〜、ドキドキする〜」なんて声もチラホラと聞こえてきました。そもそも子どもは心拍応答が早いので、このドキドキで180拍/分以上は軽く到達していることでしょう。でも、考えようによっては、走るとどうせあがる心拍数ですから、あらかじめそれに備えて自ずと高い心拍数に近づけていると解釈できないこともない訳で、体の仕組みってよく出来ているような気がします。だから僕はそんな子どもたちを見たら「どうぞドキドキしていいですよ」って言いたくなりますね。

　それにしても子どもってよく動きますね。大人が同じようにその動きをまねしたら、おそらく5分ともたないでしょう。立ったり、座ったり、急に走ったり、止まったり・・・。でも、じつは、この子どもたちの行動、ちゃんと訳があります。

　運動をする時、正常な大人の場合、何と言っても心臓が大きな役割を果たします。つまり、運動をすることによって必要となる血液は、心臓の拍動によって、血液を身体の隅々（末梢）まで送り出そうとします。この時、大人の場合心拍数を上げずになるべく1回の拍動で、より多くの血液を送ろうとします。1拍における血液の拍出量を多くしようとする訳です。

　優れた弾力性のある動脈系も一役買っています。心臓から駆出される血液の拍動を受けて次々と末梢に送りとどける効率のよい運搬力が保障されている強い血管系があれば必然的に心臓での血圧が低くてすむこと

になります。一般に大人が子どもよりも心拍数が低い所以です。したがって、練習を積んだマラソン選手の心拍数が１分間に40とも30ともいわれるのは別に不思議なことではないということになります。

　しかし、子どもの場合はどうでしょう。決して心筋の発達はまだ十分とは言えないでしょうし、血管壁も柔らかいことは確かで、拡張に対して力強く抵抗するということはないはずです。このように①心臓も未熟、②血管壁も力不足といういわゆる原動力不足の子どもたちの血液循環系では、③"第三の原動力"を必要としなければならなくなるのです。それが「骨格筋のポンプ作用」というものです。腰や足を屈伸させることによって、それを動かす筋肉が伸張、短縮して平行的に走っている血管系を反復圧迫することで、静脈血を心臓に還流することを助けていると考えれば、それだけ心臓の出力負担が軽減される訳です。

　子どもたちはじつはこれをやっているのですね。こうやって未熟な心臓や血管壁を助けているのです。だから子どもはよく動くのであります。動かざるを得ないのであります。したがって、広いところに"解き放てば"、自然と子どもは動かなくてはいけないと身体で感じてしまうのかもしれません。まさに子どもは動くことが商売といっても過言ではないということになります。しかし、そこで、先生が一言、「こらぁ、走るなぁ、こっちへ来いぃ、先生の話を静かに聞け！」ですから〜。

　そういう訳で、もし、子どもたちの運動を極端に制限し、屋内で安静にしているような生活を強制したとすれば、この第三の援助、つまり「骨格筋のポンプ作用」が全く得られなくなり、未熟な心臓や血管壁に大いに負担がかかることになります。そして、そのままほうっておくと大変なことになりますよ〜って。

トラペジウム 7-4号

　「じゃ、着替えてマラソンね」と言うと、子どもたちは「そら来た」とばかりにさ〜と着替えて校庭に向かって階段を駆け下りていきます。4月から毎日走っているマラソン。10月に入り気候もよくなってきたのでみんなガンガン走っています。でも、僕が校庭に行くとみんな校庭にはいないのです。どこだ〜？と探すと、います、います。校庭の隅っこにある固定施設(遊具です)で遊んでいます。ん〜、みんな、まだまだ遊具に愛着があるのかぁ、3年生もまだ低学年のようなものですものね。

　のぼり棒、うんてい、鉄棒、ジャングルジム等々、この小学校にも校庭にはいろいろな遊具があります。どれもみんな挑戦して欲しいものばかりですが、時間の関係で「集〜合」。ま、こちらの遊具めぐりも4月からやっているので、「のぼり棒が上までいけた」とか「逆上がりが出来た」とか「うんてい、向こうまで渡れた」なんて言葉がチラホラと聞かれます。

　さて、全く話が変わりますが、先日、夜、地震がありましたね。東京で震度3ほどでしたでしょうか。僕の家は古いせいですか、震度の割には揺れが大きかったような気がします。で、実際、壊滅状態になりかけた現場から脱出しようと試みる時、我々はどのような避難の仕方をするのでしょうか。例えば、①床が崩れ落ちそうになり目の前にあったカーテンに思わず掴まってぶら下がる、②背後から来る火の手を逃れようと、必死で高所の足場の悪い狭い橋のような部分を渡る、③天井が崩れ、屈まないと動けないような空間を巧みに身をかわしながら安全な場所へ、あるいは④倒れかかってくる重い扉を両手で支えて押しつぶされないように踏ん張る・・・。で、今後の説明の都合上、この①②③④の場面をよく覚えておいてください。

　実際に大惨事が起きた際に、我々がこのような場面に遭遇しないとは

限りません。緊急の場合、人間は自身の身を守るために可能な限り、今、現在身に備わっている持てる力をしぼり出そうとします。このような能力を「緊急避難能力」と言います。

　話を元に戻しますが、十数年前、当時、僕が担任をしていたやはり2年生の子どもたちが今、やっているような遊具遊びをしているのを見ていて、「あ、そうか、そうだったのか」と、あることに気がついたのです。我ながら大発見です。ここで終わったら訳がわかりませんよね。次号へ。

鉄棒・・・

トラペジウム 7-5号

　一般に基礎体力とは、敏捷性、巧緻性、柔軟性、瞬発力、持久力および筋力などといった基本的な体力要素が総合的、複合的に備わったものを言います。いずれの体力要素も人間が生活していく上で必要不可欠なものですが、中でも、筋力は「そもそもある程度の筋力がなければ人間の生活は成り立たない」と言われるほどに体力の中核をなすものです。すると、基礎体力を高めるには、まず筋力を向上させればよいことになります。しかし、一口に筋力といっても漠然としています。そこで「握力」に注目です。何故か。じつは、握力は「腕筋力、背筋力、脚筋力などとに高い相関がある」と言われているからです。つまり、握力値が高いほど他の筋力も高いということが出来、握力値を知ればその人の筋力のおよそが判断できるという訳です。スポーツテストの項目にも昔から必ずありますよね。

　ところで、この握力、じつは2種類の握力があることをご存知でしょうか。ひとつは"自ら随意的に発揮する握力"ともうひとつは"外力に抗して他動的に発揮する握力"です。前者を「能動握力」、後者を「受動握力」と言います。能動握力は通常の握力計で測定可能で、「よっしゃ、やるぞ」と発揮される力です。一般に知られている握力です。保護者のみなさんも1回は測定した経験がおありかと思います。あれです。

　一方、受動握力は「おっと、危ない」といってとっさに、突発的に発揮される力です。驚いたことにこの両者を測定すると、どの年齢層においても必ず受動握力値の方が能動握力値よりも高いのです。つまり潜在的に持っている力、いわゆる"火事場の馬鹿力"というやつです。

　近年、児童生徒の基礎体力の低下が叫ばれていますが、握力も例外ではありません。毎年報告される握力値は、低下もしくは停滞の傾向を辿

っています。これは能動握力の方ですが、でも、そう考えると、当然、受動握力値の低下も推察できます。つまり、とっさに発揮する力が低下しているということです。それじゃ、「これはまずい」という訳で、毎日、バーベルを挙げたり、サイベックスをやったりの筋力トレーニングでしょうか？　ええ～？　小学生に？３年生に？低学年に？

　いえいえ、そこで、遊具の話に戻ります。僕がその時、何に気がついたかというと「これらの遊具はどれをとってもほとんど握ることが出来なくては遊べないものばかりではないか！」ということです。そして、さらにこれらの遊具類は、その種類によって違いはあるものの、この握る動作に加えてバランスをとったり、巧みに動いたり、素早く動いたりしなければうまくいかないようになっているではありませんか。どうですか、大発見でしょ。

　話を続けます。例えば、肋木やうんていに掴まり、両手でぶら下がりながら我慢をする、これはまさしく前述した①の場面であります。そして、うんていのバーを１本ずつ捉まり移動をするとなると、両手だけで操作する動作となり、足が地面についていません。また、幅の狭い丸太の上を落ちないようにすばやく端まで移動する丸太渡り、これは②の場面に酷似しています。一方、ジャングルジムで迷路のようになった空間を低い体勢になりながらうまく身をこなして出口まで素早く移動、これは③の場面です。また、総合的な筋力が向上していれば、もしかしたら④の場面でとても助かる力となるかもしれません。

　まだまだあります。のぼり棒で四肢を使いながら上までのぼる、これは地上が崩れ落ち、とっさに上に逃げるような状況を連想してください。本校にはありませんが、網渡りはどうでしょう。不安定な足場をたまたまあった網目のロープを掴み、バランスをとりながらその先へ（上へ）移動です。

鉄棒だってそうです。そもそもバーに掴まって逆さまになることなど日常生活では考えられません。さらに、このバーを使ってソフトランディング(軟着陸)をしようものなら、「この場所は安全だろうか」と慎重に確かめながらの着地動作と同じです。この時、上肢の筋群はかなり発揮されていなければなりません。

　いかがでしょうか。どの遊具をとっても緊急に避難しなければならない時に役立つ動きばかりを要求しています。もちろん握る力を駆使します。こうして考えると、学校に設置してある遊具はあたかも「緊急避難能力」を想定して造られたものばかりと思ってしまいます。

　視点を代えると、この能力、怪我や事故を未然に防ぐための「危険回避能力」あるいは「運動安全能力」という言い方も出来るかもしれません。

　昔、子どもたちは、このような遊びを毎日、みんなでワイワイとやっていました。そうして、このような遊びをとおして、将来必要となる基礎体力を自ずと養っていた訳です。もっとはっきりいうとこの緊急避難能力、危険回避能力あるいは運動安全能力なるものを確保していたのかもしれません。

　かくれんぼのとき、縁の下(死語でしょうか)で窮屈な体勢で潜んでいる子ども、鬼にいつまでも見つけてもらえないとすると上手に隠れているということがいえそうです。ある意味ではかわいそうな気もしますが、ずっと身をかがめて我慢をしていなければならないことによって、エキセントリックトレーニングをこなしていると考えると、「ずっと、そのまま続けて正解！」と言いたくもなります。まさに持久的な筋力トレーニングの最たるものです。

　そしてもうひとつ、保護者の方々は大人がこのような遊具遊びをやっているのを見かけたことがおありですか？もし大人が集団で楽しそうに

こんな遊びをしている姿を見かけたら、これは異常な光景と言わざるを得ません。
　つまり、この基礎的な体力を習得するには確実に至適時期というものがあることを最後に付け加えておきます。

網のぼり・・・

トラペジウム 7-6号

　子どもたちは体育の授業をする時、潜在的(本能的？)に5つの欲求をもって臨むといわれています。
　すなわち、
　　①めあて達成の欲求
　　②技能向上の欲求
　　③承認される欲求
　　④所属の欲求
　　⑤活動の欲求
　　　　　　　　　　　　　　　　です。

　例えば、バスケットボールをチーム対抗戦でやる時、自分やチームで「今日はどんなことに気をつけてやろうか」と話し合います。ある子は「パスまわしを早くやろう」と言います。また、ある子は「声を出し合おう」と言います。これが①になります。チームあるいは自分は1時間、このめあてを達成しようと努力します。

　例えば、ハードル走をやる時、「どうやったら、早くまたぎ越してゴールにいけるのか」と考え、そして「どのような技能をマスターすればいいのか、是非身につけたい」と望みます。これが②に相当します。

　例えば、ある子がサッカーの試合で得点につながる効果的なアシストをしたとします。これを教師は見逃さず「○○さん、今の動きは良かったね」と言います。子どもはこれを聞いて「ああ、先生が見ていてくれたんだ」と満足します。これが③です。

　例えば、リレーをチームで競い合ったとします。競り合って負けはしましたが、試合後のチーム内での反省で「○○君、勝負は負けたけれど君がいたからいい勝負ができたんだよ」と言われます。○○さん、チームに

貢献できたことに満足します。これが④に当たります。
　しかし、これらの欲求は何も体育の授業にかかわらず、他の教科にも当てはまる欲求といってもおかしくないでしょう。重要なのは⑤です。これは体育でしか求められない欲求です。逆に言うと、体育の授業で動く場面が少ない授業は本末転倒と言わざるを得ないということになります。最近の小学校の体育、何か動きが少ないと感じるのは僕だけでしょうか。

のぼり棒・・・

トラペジウム 7-7号

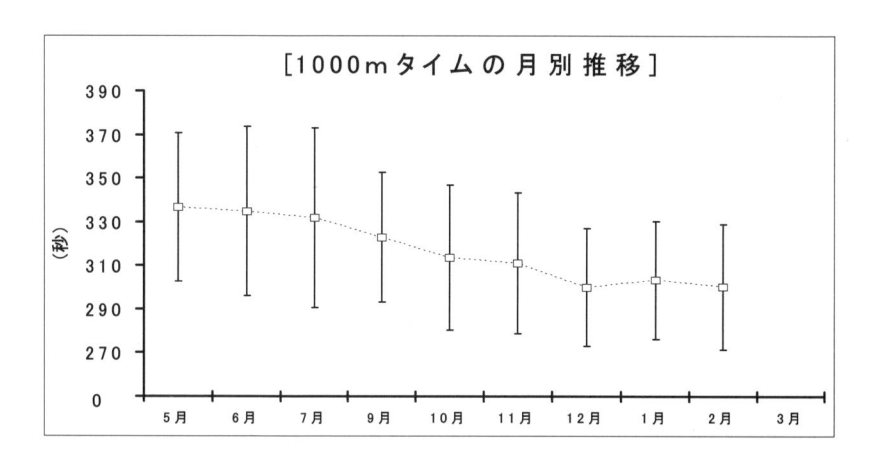

[1000mタイムの月別推移]

今日はこんなグラフです。すでに以前トラペで途中経過を示しています。

このグラフ、タイトルにも示しましたように、2組で月1回の頻度で行った1000mタイムトライアル走における男女混合の平均タイムの月別推移であります。縦軸は「秒」、横軸は「実施月」を表しています。縦軸は下に行くほど速い秒数を表しています。したがって、3月分は未実施ですが、概ね右下がりの傾向であることは把握できます。つまり、月を追うごとに「速くなってきている」ということです。例えば、5月の平均値は336.6秒(約5分36秒)でしたが、2月のそれは300.1秒(約5分)であり、この1年間で30秒以上も顕著に短縮したことになります。1%水準で有意差が認められました。

ところで、各月の平均値のドットから上下に伸びているアンテナのようなものは、標準偏差といっていわゆる個々の"ばらつき"あるいは"ちらばり"を表しています。つまり、各月の平均値はこの幅のプラスマイナスの秒間における平均値ということを意味します(ほとんどの子がこの範囲内にいるということです)。したがって、ここに示している平均値はこの標準偏

差が短いほど、つまり、アンテナの上下の幅が狭いほど質の高い平均値と考えて差し支えないという訳です。ちなみに一番幅の広い7月は±43.2秒、一番幅の狭い12月は±26.9秒となっています。測定日のコンディションも当然影響しますので一定の短縮傾向は見られませんでしたが、じつに興味深いグラフです。3月はまだ測定していませんがどうなるのでしょう。

専門性をもつことの必要性・重要性

　外国旅行の勧誘もさることながら、あなたがもし小学校の先生として長くやっていくのであれば「自分が得意とする教科あるいは分野に関する専門性をもちなさい」と、これも常々僕は若い先生たちに言っています。小学校の先生ですからどの教科にも通じていなければならないのは当然のことですが、その中でも「この分野だったら誰にも負けない」「この教科なら自信をもって教えることが出来る」といったいわゆる深い専門性です。そのためにはどうすればいいでしょう。目指すどこかの研究団体に加盟して切磋琢磨して学び合う、いいでしょう。あるいは、専門書を片っ端から読破して独学。これもいいでしょう。手段はいくらでも考えられます。何よりも自分をその気にさせるきっかけやタイミングが大事なのだと思います。

　僕の場合は国分寺に勤めた新採時代、「子どもたちを走らせて何の得がるの？」と年配の先生にさりげなく質問された時、うまく答えられなかったのがそもそもの始まりでした。走ることは子どもにとっていいことなんだと何となく過信していた僕に釘を刺してくれた先生。「君がいいことだと思ってやっていることでもさ、そのよさをしっかりと仲間や親に説明できるものがなければね」と。

　カッチ〜ンと来ている僕にさらにその先生、「そりゃさ、現場の先生だから実践が我々の最大の仕事だよ。でもね、それを理論的に裏づけるような解説ができてこそ現場の先生じゃないの？そういう先生って強いよね」つまり、確固とした理論に基づいた実践。冷静になるとわかります。確かに。それにその先生、べつにいやみで言っているのではないこともよく分かります。

　と、いう訳で間髪いれずに母校の東京学芸大学の運動生理学教室の門をたたいた次第です。

　「ああ？何しに来た？」とハンドボール部の大先輩が研究室におられた

こともに幸運でした。当時助手をしていた大先輩先生。事情を話して半ば強引に特別聴講生にさせていただきました。特別聴講生なんて聞こえのよい言葉ですが、ようするに自分の時間が空いている時に自由に行き、関連した文献を読んだり、当時の院生と情報交換をしたり、学生や院生の卒論や修論発表会に参加したり、また、先生の時間があいていれば個人的に疑問に答えていただいたりとまったく気ままな聴講生でした。したがって、もちろんお金もかかりませんでした。でも、当時を振り返ると、自分にとってとても重要でかけがえのない時間だったように思います。

　その後、しばらくして現職枠から大学院で一年ないし二年間、研究が可能という制度を東京都教育委員会が作用したので、応募し、正式にこの研究室に大学院生の立場として研究に励むことになります。じつはこの制度、昭和27年から作られていたようなのですが、東京都が採用した年は平成7年度からです。何故でしょう。不思議です。ほかにも「新大学院制度」といってあらかじめ指定された大学で二年間研究が出来る制度もあります。

　もちろん大学院に行くことだけが専門性を培うことだとは言いません。専門性を獲得する道はいくらでもあります。問題はカッチ～ンと来るきっかけと本人のやる気につきます。誰にでもそしていつでもそのチャンスはあるのす。でも、先生たちは忙しい～。3、4年次研修、10年次研修、免許更新講習・・・、次から次へと研修が入ります。これって、大事？って言いたくなります。それよりそれぞれの先生たちが自分の専門分野を存分に勉強できる、そういう時間を確保できるような体制が作れないものでしょうか。

　この章で紹介した内容はいずれもこの院生時代に研究し、現場に帰り実践して得た理論や成果です。脳生理学の分野は日々進歩を遂げていますが、大脳の「機能局在」や「周辺抑制」という考え方は現代でも通用する理論であり、基本中の基本だと理解しています。保護者の方、ゲームに夢中になっている我が子、大丈夫ですか？

それにしても、あの年配の先生の一言がなかったら今の僕はなかったと言っても過言ではないでしょう。もうずいぶん前に他界されましたが、当時は公私にわたってお世話になりました。感謝の一言です。

八、趣味の世界にもお付き合いを

トラペジウム 8-1号

　僕は中学1年生の時に毎月500円ずつ郵便貯金をしていました。買いたい物があったからです。天体望遠鏡です。でも、いざ、その時になると迷うものです。"もう少し待とうか"とか"別に買わなくても今ある双眼鏡でいいんじゃないか"などとはじめの威勢はどこかに行ってしまっています。やはりちょっと躊躇します。でも、すでに同様の経験を経て目的を達した友達の助言(大事に使って元を取るんだよ)もあり、その友達に付き合ってもらい買いに出かけました。

　はたして、手にしたのは口径50mm、焦点距離800mmの簡易経緯台付き望遠鏡でした。今、考えればたいしたものではないのですが、当時の僕にしてみればもう嬉しくて、嬉しくて、大それたことをやってしまったような気がして"一大事業"を成し終えた気分でした。

　早速、買った日の夕方、月を見ました。ちょうど半月だったことを覚えています。付属していた接眼鏡で(30倍だった思います)きれいにクレーターが見えた時には本当に感動しました。当時はのどかでしたから家の裏の畑道まで出てよく夜空を見上げたものです。会社帰りの近所の顔見知りのおじさんも「何見てんだい?」と覗きながら「ほう、よく見えるもんだね」などと言います。

　また、当時は、いわゆる「光害」など関係なかったので、星も綺麗によく見えました。でも、あの星、この星なんて明るい星なんか見たって、所詮、恒星ですから点像にしか見えません。だから〜、恒星はとてつもなく遠いところにあるんだから〜、現代の最新の望遠鏡をもってしてもただの点像にしか見えないんだってば〜。そんなことはわかっていたのですが、ちょっと残念。と、その時、目にとびこんできたのが土星でした。「木星や土星みたいな惑星はさ、恒星と違って、またたかないから慣

れれば"あれだな"ってわかんだよね」とその友達が教えてくれます。きれいな輪がこんな小さな望遠鏡でもはっきりと見えるのが感激でした。

　その友達、そんな僕のそばで「あれ、うまくいかないなぁ」とブツブツ言いながら自分の望遠鏡に何やら手を加えています。よく見るとカメラを取り付けようとしているではありませんか。え〜、なに！写真？

　それは月のクレーターを見て感激しているだけの僕にとっては信じられない光景だったのです。以来、僕も写真を撮るようになったというわけです。

シュワスマン・ワハマン彗星（2008年5月撮影）

トラペジウム 8-2号

　B巡査はやや緊張と不安に駆られながら自転車を急がせていました。その派出所に電話があったのはすでに夜の12時を過ぎていました。真夜中の真っ暗闇の中に一面に広がる白菜畑の細い畑道を1人行くのはさすがに少し怖い気持ちがあります。しかもあの電話ですから一層です。
　この辺りは高原ですからこの時間になると夏でも肌寒くなります。でも、この寒さが野菜には好都合であって、明け方から出る霧も一役買い、ここの高原野菜を有名にしているのです。"この寒さがいいんだよな・・・"などとことさら独り言を呟きながら自分を励ましながら走ります。
　先ほどの電話の主はこの辺りに住んでいる地元の農家のご主人の奥さんです。赴任してきたのが10年前ということもありB巡査も顔見知りで気心の知れた間柄です。でも、その電話の内容はB巡査をたいそう驚かせました。「裏のご先祖様の墓地の向こうで赤い"火の玉"のようなものが見え隠れしている。うちの主人も今夜は組合の寄り合いで家にまだ帰らず今、1人きりでいる。何とも気味が悪い、ちょっと見に来てくれないか」・・・と。
　B巡査、そんな馬鹿な、と言い放ち、よく見てみるように言いましたが、確かに二階の部屋から見ていると、時々ボ～と赤く光ると言うのです。"もうすぐお盆だし、ご先祖様が待ちきれなくて出てきたんじゃろうかね"と切り際の一言も彼の恐怖感をそそります。しかし、現実問題としてそんなことがあるだろうか、いや、時々テレビや雑誌などにも確かに出るという番組や記事を見たり読んだりする。科学的にも証明出来るんだとか誰かが言っていた。となると・・・、などと考えているうちにB巡査、とうとうその辺りまで来てしまいました。
　そっと自転車を止め、辺りを見回します。電話があった農家が畑道か

らすこし離れたところにぽつんと見えます。畑道を挟んだレタス畑の一角に例のご先祖様の墓地です。B巡査、じっと目を凝らしてお墓の辺りを見つめます。すると確かにボ〜となにやら赤い光りが動いているのが見えるではありませんか。じっとりと背中に冷や汗が出てくるのがわかります。よく見るとその光りはゆっくり動いているようにも見えます。まさしく火の玉・・・。"調査しなくては"職業柄これは行かざるを得ません。こんなところで帰ったら後で誰に何を言われるかわかりません。

　恐る恐る近づくと、火の玉は動いたり消えたりしています。そして、何かが動いている気配も感じます。人間のような気がします。B巡査、意を決して声をかけます。「だ、誰かそこにいるのかね」。懐中電灯を向けられた先には男が1人。その男も突然に声をかけられたので驚いた様子です。手には小さな赤い懐中電灯を持っています。B巡査、再び職務質問です。

「き、君はそこで何をしとるのかね」

「星の写真を撮ってます・・・」

「こんな夜中にかね」

「あ、いえ、夜じゃないと・・・」

　よくよく見るとカメラが取り付けられた望遠鏡が夜空に向いているのが見えます。B巡査、事の次第をようやく理解し、力が抜けていきます。やれやれと彼のそばに座り「君、君のその向こうにお墓があることを知っていたかね」と少し落ち着いた口調で問いかけます。「え？あ、そうだったんですか、暗くなってから来たもんで、気がつきませんでした」で、「少し足をのばして広いところを探しに」と付け加えます。

　　　　　　（墓と星とどんな関係があるんだ？）

　そう言えばここは星がきれいなので天文の同好会の人たちがよく集まるところだったことをB巡査、思い出しました。

「あの・・・」とその男。「なんだね」。「申し訳ないんですけど、その懐中電灯、消していただけると助かるんですが！」
　(おかげで今まで20分かけて露光した写真が台無しだよ、あ～あ)

M31 アンドロメダ星雲（1989年1月撮影）

トラペジウム 8-3号

　彼はいつものようにベランダに据え付けてある天体望遠鏡を覗きます。毎晩の日課です。広視野の接眼鏡を付け替えて可能な限り広い範囲の宇宙を見渡そうとします。じつはこれには訳があります。望遠鏡の視野が広い方が有利なことあるからです。彼の天文仲間は逆に可能な限り高倍率の接眼鏡をつけて月のクレータや土星の輪の写真を撮ることに熱中しています。しかし、彼はカメラもなければ上等な赤道議も持っていません。ただただ同じ時間にいつものベランダからゆっくりと望遠鏡を動かすだけなのです。

　彼はひとつだけ彼の星仲間とは異なる物をいつも手にしています。それは詳細な星図です。16等星まで載っている星図。望遠鏡でしばらく観測してはその星図に目をやります。暗がりですから、懐中電灯を使いますが、豆電球のところに赤いセロハンを巻いて少しでも暗がりに目をならそうとします。

　その運命の晩も彼がいつものようにいつものベランダからいつもの愛機でいつものように星を眺めていた時のことでした。彼の愛機を動かす手が一瞬止まりました。彼ははっとします。息を飲みます。「まさか」。とうとうその時がやってきたのでしょうか。彼は慌てて星図に目をやります。

　― 確か、今、おうし座のアルデバランを見ているはずで・・・、そのそばには2等星と3等星の恒星がいくつか・・・、ん？ ―

　彼はもう一度愛機を覗き込みます。

　― この3等星の左隅・・・、んん！？ ―

　彼の胸はもう高鳴る一方です。興奮して震える手をもう片方の手で押さえながら、何度も何度も愛機の中のぼんやりとした星のようなものと

星図を見比べます。

　― この3等星のそばでボーと輝いている星のようなもの、確かに星図にはない。この明るさでいけば10等星ぐらいだ、この辺りに10等星の星があるか？この星図は16等星まで載っている、だとすると、この星は星図にはない！ ―

　しかし、彼はここで考えます。もしこれが星図に載っていない星だとすれば、超新星か彗星かのどちらかの可能性が高いのです。でも、例えば超新星の場合は突然明るく光って現れますから、可能性としては超新星とは考えにくい。だとすると・・・。

　― とうとうその日がやってきたのか ―

　彼は次の段階に移ります。まず、正確にこの星の位置をスケッチします。寸分違わずにです。この3等星付近です。そして、明日を待ちます。もし、明日のこの同じ時間にこの星がスケッチした場所から少しでもずれていたら・・・、それは・・・。まさしく彗星！。

　高鳴る胸を押さえて彼は眠りに入ります。掛け布団が鉛のような重さで彼の上にのしかかってきます。なかなか寝付けません。明日はきっと仕事だって手に付かないでしょう。

　　　　―神様、どうか、ずれていてください―

トラペジウム 8-4号

　現代天文学では、惑星上に生命を宿す条件として水が水の状態として永久的に存続することを第一条件に挙げています。そのような惑星は太陽(恒星)からちょうどよい、ほどよい距離で公転している必要があります。つまり、暑からず寒からずという距離です。このような距離にある惑星の場合、水は蒸発もしないし、凍りもせず水のままでいられるという訳です。このような公転域を「連続生存可能領域」といいます。

　金星は地球のひとつ内側を周る惑星ですが、太陽に近すぎて灼熱の地獄です(水星にはおよびませんが)。いつも厚い雲に覆われ、地球に最も近い惑星にもかかわらず、その地表は地球から見ることが出来ません。おそらく金星の地表では、火山が絶えず爆発し、地球の数百倍規模の雷が連続的に発生していることでしょう。連続生存可能領域外の金星には豊富な水が存在することは不可能です。

　火星は地球のひとつ外側を周る惑星です。その昔は水も豊富にあり、1秒間に100億トンもの水が流れる渓谷があったことが確認されています。しかし、この火星も連続生存可能領域の外であったため、地表はやがて冷え、水は地下深くに氷となって沈んでしまいます(でも、人類はこの星に目をつけているのです)。

　我が太陽系を例にとれば、仮に太陽から地球までの距離を100とした場合、この連続生存可能領域は99から103という紐のような極めて狭い範囲に限られます。この領域に惑星が入り込む確率は何と16兆分の1の確率だそうです。まさに地球は奇跡にも近い状況下でこの領域内に入り込むことが出来たのです。

　生命が誕生するもうひとつの重要な条件として、その惑星系の太陽の大きさ(重さでしょうか)が挙げられます。

仮に太陽の5倍の大きさをもつ太陽は、その内部の核融合があまりにも激しいためにおよそ2300万年ほどしか燃え続けることが出来ません。やがて、大膨張をして爆発し超新星となります。この星の周りでは惑星系が誕生するはるか以前に全ての物質は消滅してしまいます。これでは生命どころではありません。

　太陽の1.5倍ほどの大きさの太陽は、それでも燃え続けるのはせいぜい30億年といったところだそうです。この場合、ある惑星がたまたまこの連続生存可能領域内に存在し、一応生命が誕生し、進化らしい歴史が始まっていたとしても、人間のような知的生命が誕生するはるか以前にその太陽と運命を共にしなければならないということになります。太陽系の時間で考えると生命が誕生し、人間のような知的生物までに進化を遂げるまでに50億年以上を費やしています。したがって、知的生物の誕生には、少なくとも我が太陽系の太陽ほどの大きさでなければならないということになります。ちなみに我が太陽系の太陽の寿命は100億年だそうです。まだ50億年燃え続けます。

　人類の誕生はこの2つのとてつもない偶然の産物ということになりますが、夜空に輝く約2000億の銀河系の星々の中には太陽ほどの大きさの星が全体の40％ほどあると聞きます。つまり、その星を周っている惑星も当然存在するし、その惑星系での連続生存可能領域内にいる惑星も必ずあり、進化を続けているかもしれません。

　だから結論は宇宙人は必ずどこかにいるということになるのです。もはや、「宇宙人はいるの？」という質問は愚問と言うしかありません。人間自身が宇宙人そのものなのです。ただ、気の遠くなるような遠いところにあるのでお互い顔を合わせることは出来ないのでしょうが・・・。

トラペジウム 8-5号

　先日の図書の時間に宇宙の図鑑を見ていた子がいまして、"お"っと思いました。

　僕が宇宙に興味を持ち始めたのは、小学校の4年生の時でした。誕生日に「宇宙」という図鑑を叔父(画家の叔父ではありません)からプレゼントされたのがきっかけでした。それは面白くて、面白くて毎日読みふけったことを今でも思い出します。僕が最終的に魅入られたのは、宇宙の果てはどこなのかということでした。きれいな星々の写真をみるにつけ、この先はどうなっているのか、もし、果てがあるならその先は・・・、などと、どんどん想像力が膨らみます。

　少しずつ貯めていた貯金を全部はたいて天体望遠鏡を買ったのは中学1年生の頃でしたし、気の合った仲間と"天体撮影もどき"を始めたのもこの頃でした。

　その頃はただ、三脚にカメラを取り付けて、シャッタースピードをB(バルブといいます。シャッターを押している間中、シャッターが開いたままになります)に合わせ、15～20分ぐらいそのままにしておくのです。これはいわゆる「固定撮影」といって、出来上がった写真は星がフィルム面を動き、光の筋ができます。地球が回っているからという単純な理由からですが、よく、北極星を中心に星が回っているように写っている写真がそれです。当時は、出来上がった写真を見ながら、それなりに友達と満足をしていましたが、ここで終わらなかったのが、僕の"悲劇"の始まりです。

　現在、僕は赤道儀で写真を撮っています。赤道儀というのは望遠鏡を載せる架台のことです。この架台は恒星時の速度(星の動く速度、つまり地球の自転速)でゆっくり動かすことが出来る特殊な架台です。つまり、

目標天体にカメラを向け、Bにしてシャッターを切り、その横で同じ目標天体に向けている小さな望遠鏡で星が変な動きをしないように、いつも視野の中心にいるように少しずつ架台のつまみを動かしていきます。このような撮影法を「ガイド撮影」と言います。そして、あらかじめ決めておいた時間までそれを根気よく続けます。すると、星はフィルム面上に点像に写るという訳です。おわかりでしょうか？昔はこれを１枚につき30分〜１時間やるのが常識で、非常に根気がいるものでした。一晩かけても数枚撮るのがやっとでした。しかも、その数枚の写真すべてに納得がいかないなんて時もしょっちゅうでした。しかし、今ではモータードライブで自動追尾が出来る便利な架台が出回り、ガイド撮影がとても楽になり、撮影中はガイド望遠鏡も殆ど見なくてすむようになりました。最近はもっと便利なガイド法も考案されています。

　ま、今で言う"おたく少年"のはしりかもしれませんが、星を撮っている時はこの上ない至福の時間であります。傍でかすかに聞こえてくるモーター音を聞きながら、すべてを忘れてボ〜と星を眺めます。時々、思い出したように流れ星が流れます。

　"あ、願い事・・・"。

　そんな訳で、月明かりがなくなる新月の夜になるとソワソワし始めるちょっと変わった人間なのであります(満月ではありません、満月は狼男ですね)。

　現在もさらに高価な機材を物色中で資金に苦労する"悲劇"が続いていますが、そのうち子どもたちにも星を見せてあげようかなと思っています。

トラペジウム 8-6号

　2006年、3月29日、午後12時30分。ここはトルコのコンヤ。この国の中央に位置するこの小さな町でこれから世紀の大現象が始まります。開始時刻まですでに数分となりました。別に僕が計算したわけではありませんが、これらの現象は専門家によってスーパーコンピュータで次世紀に起きる現象の秒単位まで計算されています。いつ、何処で、何時何分何秒から、何分間、その時の高度・・・、考えてみれば不思議です。本当にその時刻からぴったりと始まります。人間ってなんてすごいんだろうと思います。

　およそ、天文マニアといわれる「人種」は3つの厄介な"病(「やまい」と読みます)"を持っているそうです。まず「オーロラ病」です。あの神秘的なオーロラを観てしまうと確実に魅せられてしまい、毎年のように北極圏の国へと旅をするようになります。でも、太陽活動や気象条件に恵まれないと観測できない現象ですので、行ったその日から観られる人もいれば、とうとう帰国まで観ることが出来ず涙を呑む人もいます。運が強烈に左右します。ふたつ目は「南天病」です。南半球で観る星空は北半球で観るそれよりも神秘的です。我々が北半球に住む人間で通常では観られない星々を観られるというのが憧れとなっていることが大きな理由のひとつです。例えば、オーストラリアのエアーズロックを背景に星空を眺めることが出来たら感動の一言なのです。天文マニアのひとつのステータスです。大マゼランや小マゼランの大星雲、そして、あの南十字星が頭上に輝いているのですからこれは病み付きになること間違いなしです。

　そして、これから始まろうとしている「日食」。これも一度観るともうだめです。その鳥肌が立つような自然現象の素晴らしさが忘れられなく

なり、何度も観たくなります。何の疑いもなく病気に罹ります。この日食という現象、オーロラとは違い、場所も、時間もすべて事前に明らかとなっていますので、その場所に行けることが出来さえすればいいのですが、問題は天気です。雨になったらもちろんですが、曇りでもその目的を達成することは出来ません。開始から終了まで天気でなくてはならないのです。この日の日食の帯はエジプトからリビアにかけてでしたが、どこを観測地にするかがまず問題となります。雨季の国は真っ先に除外します。晴天率の高い国を探し、その帯に入っている町を探します。国内情勢も重要です。危険な国には行けません(行きません)。

　ここコンヤという町に集まった人たちは、それらの情報を様々な角度から分析し、判断をしてやって来たのです。幸い天気は大当たりです。快晴の空の中央で太陽がまぶしく輝いています。もうすぐこの太陽と新月の月が重なり合います。いよいよ第一接触が始まります。

トルコの皆既日食（2006年3月撮影）

トラペジウム 8-7号

　僕は学生の頃、「ハンドボール」というスポーツをやっていました。知っている人は知っていると思いますが、知らない人は「ああ、あの野球のボールを手で打つやつね」なんて言う人もいます。違いますよ。ちゃんとオリンピックの正式種目にもなっています。日本名は「送球」と言います。ややマイナーですが、素晴らしいスポーツです。

　もともとの発祥地は東欧のどこかだかの国だったと思いますが（ドイツだったかな）、女子専用のスポーツでした。ところがこれがきつくて、きつくて、20m×40mのコートをほとんどの時間、走りっぱなしですので確かにそう思います。そんな訳でいつしか男子にも普及したようです。

　ちょうど僕が入部した時期は何故か強くて練習も厳しかったです。日曜日以外は講義が終わるとすぐにコートに集合、3時間ほど練習をします。夏休みや冬休みは午前午後の練習は当たり前でした。休み中の合宿（いつも10日間ほどの日程で2回ほど組まれます）の時は"夜練"なんていって体育館でもやった覚えがあります。遠征にも行き、地方でもよく試合もしました。でも、何と言っても春と秋の公式リーグ戦です。強いといいましたが、何と、僕が3年生の秋に1部リーグに昇格したのです。僕は3年の春あたりからちょくちょく試合に出してもらいましたが（シュートも決めましたよ）、昇格が決まった時に、"まずい！"と思いました。じつは主力のメンバーは4年生だったからです。つまり、この秋のリーグ戦が終わるとその4年生たちは引退です。次に4年となる僕たちのメンバーは4人しかいません。2年生は1人です。1年生はそこそこいましたが、試合経験があまりありませんので不安です。部員も極端に減ります。「ま、くよくよしても始まらない、練習あるのみだな」と4人で結論を出して後輩の指導にあたりました。

そうこうしているうちに春のリーグ戦が始まりました。当時、1部にいた大学は、日体大、早稲田、明治、法政など、名だたる大学ばかりでした。早稲田の蒲生氏(「がもう」と読みます。引退後、全日本の監督をやっていたこともあります)という選手は身長が190cm以上もあり、2階を見上げるようでした。今も時々テレビに出ているのを見かけます。

　結局、春のリーグ戦は散々の成績でした。で、入れ替え戦で再び2部リーグへと。例の先輩たちからはいやみは言われるわ、あいそはつかされるわで悔しい思いを随分しました。

　でも、個人的には本当によい経験をしたと思っています。強くなくていいから(無理だから)まとまりのあるチームを作ろうと後輩たちを一生懸命育てました。このような職業をしている人で何かのスポーツで1部リーグで試合をした経験をもつ人は少ないと思います(自慢)。そのこともなんとなく自分で(密かに)誇りに思ってもいます。あの辛かった日々は今でも夢に出てきますが、結局、自分にとってかけがえのない大切な思い出です。

トラペジウム 8-8号

　僕は映画が好きなのでよく観ます。およそ映画の好きな人はどのような決め手で観たい映画を選ぶのでしょうか。俳優でしょうか？ジャンルでしょうか？それとも今、流行っている話題作でしょうか？

　僕の場合はずばり監督です。別に話題作じゃなくてもいいんです。監督です。気に入った監督の映画が公開されればすぐに行きます。気に入った監督が何人かいます(他界した監督もいますが)。

　それはそうと、最近の映画、ちょっと「？」です。やたらリメイクの映画が多いのです。ちょっと前には「猿の惑星」(この映画に関しては"一部地区既報")、そして「オーメン」、「ポセイドン」(オリジナルは「ポセイドンアドベンチャー」でした)、と来て極めつけは「日本沈没」です。

　まだあると思いますが、結論を先に言うとオリジナルの映画の方がリメイクの映画よりも数段出来がよいということです。確かに最近の映画はＣＧを駆使し、臨場感あふれる場面が再現されます。「すごいねぇ、どうやって作るんだろうね」なんて言って、感激してみても、所詮、作り物は作り物でしかありません。「ああ、ＣＧなんだ」と思って見てしまうとそれまでです。そしてリメイクの映画は総じて原作に忠実ではない、あまりこだわっていないということももうひとつの原因なのかも。

　ところが、これら上述したオリジナルの映画は、ＣＧのなかった時代に作られているのがほとんどですから、大部分がセットです。したがって、役者たちはそのセットの中で演技をします。すると、監督はどこに力を入れるのか、台詞のやり取り、人間模様です。じつはこれが重要な気がするのです。「ポセイドン」に関しての新聞の批評では「今回の映画はオリジナルからだいぶかけ離れ、人間と人間の複雑な絡み合い、葛藤の場面が皆無である」です。もちろん、前回の作品を何らかの形で上回ら

なければならないというハンディは背負っているのでしょうが、その結果が、「何でもあり」ではやっぱりちょっと「？」です。

　そんなこと考えていくと、子どもたちの作品、たとえば図工の運動会の絵にせよ、読書感想文にせよ、１分間スピーチの原稿だってみんな"オリジナル"です。何年か前のを引っ張り出して使ってません。自分の創造力が物を言う訳です。

　今、子どもたち、１週間後に迫ってきている「ロング集会」の準備をしています。学級会からずっと様子を見ていますが、何となく２年生でやった出し物の"リメイク"のような感じで気になっていましたが、随所に２年生のときとは違う"オリジナル"があるようです。それは見てのお楽しみということになります。お時間がありましたらちょっとそのオリジナルを覗いてみてください。

猿の惑星（もちろんオリジナル）
の衝撃的なラストは印象的

トラペジウム 8-9号

　1954年、ドイツで作られたライカの「M3」というカメラはレンズがついていない程度のよい中古のボディ単体だけでも20〜30万(値段です。円を付けてください)くらいはします。それがごく稀に当時の元箱に入ったまま、マニュアルや当時の未記入の保証書(当然、現在は有効ではありませんが極めて価値がある)なども入って、しかも箱から一度も出してない封印されたままの状態で中古カメラ店に出されることがあります。つまり熱狂的なライカコレクターがかつてこれを購入し、その当時のままで大事に保管をしていたが、何かの理由で手放したという訳です。手放す理由はいろいろです。そこはあまり詮索しないでおきます。

　「ライカ」というのはドイツのエルンスト・ライツ社が製造しているカメラで、当時顕微鏡をおもに製造していた会社でした。このM3は、その社員であった、オスカー・バルナックという社員がひょんなことから考案した世界初の35mm版フィルムカメラの発展型レンジファインダーカメラ(距離計が内蔵しているカメラで一眼レフカメラではない)で、ライツ社が絶頂期に製作したカメラです。

　したがって、極めて完成度が高く、さすがにドイツならではの精密機械といったカメラでした。これを見た日本のカメラ業界は「これはかなわない」という訳で、レンジファインダー型カメラに見切りをつけて、一眼レフカメラの製作に専念することになりました。結果的には、この道を選択したことが日本にしてみれば効を奏した訳で「カメラ王国日本」の名をほしいままにしたのですから皮肉なものです。レンジファインダー型カメラはファインダに入ってくる景色はレンズを通った実像ではありません。一方、一眼レフカメラは景色がそのままレンズをとおりペンタプリズムを通過するといういわゆる実像をそのまま見ることになりますか

ら、自在にトリミングが可能となります。その結果、交換レンズも豊富に用意することができるのです。かくしてライカ社は日本の圧倒的な商業戦略によってこれ以降、衰退の一途を辿っていきます。でも、根強い世界のライカファンはレンジファインダー機にこだわります。そのコトッという静かなシャッター音や金属で１台１台丁寧に作られた筐体に一眼レフとは違う何かを求めているのです。その結果、極めて高価な値段で取引されることになるのです。

　上述した元封(封を切っていない販売当時のまま)のＭ３の相場は150～200万(円を付けてください)です。もっとかもしれません。

　これを間違って落としてどこかが凹んだり、どこかがちょっとスレたりしただけでもその価値は全くなくなります。200万といえば車が買えます(しかも新車)。車は持ち上げて落として壊すことなどという状況は考えられません。

　問題は、もし、このカメラが価値のわからない人の手に渡ったとしたらどうなるかということです。その人にとって見れば単なる鉄のカタマリでしかない訳で、「安価なデジタルで十分」と言ってゴミ箱行きという最悪の事態になることも十分考えられます。でも、当事者、関係者にとって見ればこれは天地がひっくり返るほどの一大事です。

　このように物の価値観というものは極めて不確かなもので、人によって物の価値に対する基準が異なるため、必ずしもある物が絶対的な価値を持つことはあり得ないということです。つまり逆を言えば、だから個性が存在するのです。そしてその個性があってこそ人間としての価値が発揮されるのです。3年生の子どもたちでさえすでに個性があります。これを教師が「デジタルで十分」と行ってゴミ箱に捨てることはあってはなりません。忙しい中、ついついこの基本中の基本を忘れがちになってしまいますが、時々、このことを肝に銘じ、子どもたちを見るように心

がけているつもりです。それにしても、そこで宇宙と交信してる子、授業中ですよ。個性強すぎ！

ライカ M3

トラペジウム 8-10号

　先週の3連休にある会合があって、青森の八戸に行ってきました。会合は2日間ありました。会合が終わると自由な身となります。すると、僕はこのような地方の古い町に来ると必ずいつもX氏に変身することになっています。

　このX氏、普通の人では容易に理解できない"趣味"(病気)をもっています。しかし、趣味の多くはそういうものであり、それが高じるといわゆる「オタク」といわれる領域までに至ることは周知の事実であります(自己弁護しております)。もう一般の人々には理解不可能となります。このX氏の場合も例外ではありません。で、この地方の古い町においてもX氏、絶好調でありました。

　X氏は八戸に近いある田舎町の錆びれた駅に降り立ちます。見るからに古びたディゼル車(ニ両編成でした)がゆっくりと走る今にも廃線になりそうなローカル線の名も知れぬ駅です。

　X氏はさっそく駅周辺を歩き始めます。町の散策ではありません。明らかにある店を探しています。その店はこのような駅にも、いえ、むしろこのような駅だからこそ、1軒か2軒は必ずと言っていいほど存在することを彼はよく知っているのです。これは今までの数十年に渡って培われてきた彼の経験がそう確信させているのです。

　めあての店は駅から数十メートルほど歩いたニ番目の路地を右に曲がったところに忘れられたようにたたずんでいました。彼はその店のたたずまいを見るなり或ることを確信します。これも彼が数十年来育んできた一種の特技です。まさにこのような田舎町のこのような店にその男が求めんとする物は存在するのです。

　彼は少し力を入れないと開かない店の引き戸をゆっくりと開け、店の

奥にいる主人に声をかけます。で、これも今までの経験ですが、この種の店のオヤジ、いえ、ご主人は何故かなかなか登場しないのが常です。案の定、返事は聞こえましたが、なかなか出てきません。再度声をかけながら彼は店の中をつぶさに観察します。あります。あります。ドンぴしゃり。やっぱり彼の勘は間違っていなかったのです。奥の古びたショーウィンドーの片隅にひっそりと飾られています。これは使い古した中古品ではありません。間違いなく発売当初からずっとこの場所でこのまま売れ残った品物です。その証拠にその後ろには色褪せた当時の化粧箱が申し訳ないように見え隠れしていますし、プライスカードもくたびれたように立てかけられてあるではないですか。そのプライスカードに書かれている金額は当然、当時の価格です。彼は店のオヤジ、いえ、ご主人が出てくるこのわずかな時間にこれらのことを総合的に観察し、このショーウィンドーの片隅に取り残された品物がどれほどの価値があるものかを一瞬のうちに判断するのです。で、店のご主人がおもむろに登場します。

「はい、はい、なにか・・・」と白髪の老人。腰が曲がり気味で片方の足を片手でさすりながら、いつもの店番をする定位置までゆっくりと来て座ります。年の頃ならもう 70 はとうに越えています。しかし、眼鏡の奥の眼差しは決して弱々しいものではなく、一瞬キラリと鋭く光る視線を感じます。じつはこれも長年のX彼の経験から十分予想していたことです。この種の店の主人は何故か頑固者(失礼)が多いのであります。

「フィルムを 1 本いただける？」まずは様子伺い。「何枚撮りかね」と主人。「12 枚でいいんだけど。」、「12 枚は置いとらん、あれは売れん」、「じゃ 24 枚で」主人にお金を払いながら古びた店内を見回すふりをしながら、「あれは？」とさも今、気がついたように例のターゲットを指差します。主人、おつりを渡しながらその品物を一瞥し「あれか、あれはもう

古い」彼もさりげなく「誰も買わないね。」、「ああ、今はもうデジタルじゃ」と、ちょっと寂しげな顔。この一言で彼は"落とせる"と確信します。ここで焦らずじっくりと攻めます。「これね、売るとしたらいくらで売りますかね」主人はすかさず「これは売らん！」眼光鋭く言い放ちます。ほらきた頑固オヤジ。若い時、こよなくこの商売を愛し、この世界に身をささげた人間でなければ出てこない言葉です。でも、十分想定内。そこで巧みに主人の本音をくすぐります。「しかし、このままみすみすここに置いておくのももったいなぁ、カビが生えたり、錆びたり、捨てるだけだ。」主人、やや動揺。「い、いや、値段がつけられん」たたみ込んで「どう？僕に譲ってもらえるかな？僕もどうもデジタルは苦手で(ウソばっかり)」主人の鋭い眼光はすでになくなり、いつしか同胞を見つめる暖かい目に変わりつつあります。

　いよいよ最終段階にさしかかります。やや間をとって、「この倍の値段で買うよ」と、プライスカードを指差しきっぱりと言います。「倍の値段で・・・」主人も眼鏡をずらしながら値札を確認します。十分迷っております。通常は本来の価格から何割か引いて売るものですが、それを当時の価格の倍も出すというのですから、主人の心も動きます。「・・・」もう一押しです。さらに、多角的に攻めます。「この店はもう古いの」、「ん、もう・・・50年になるかの、息子も東京へ行きおって・・・」小さなため息。「ほう、東京へ」(意味もなく相槌を)「そろそろ店じまいを・・・」もう完全に落ちました。

　数分後、頑固オヤジ、いえ、ご主人、提案された値段でX氏の手にその品物を渡しています。「お客さん、大事に使っておくれ。」外に出た彼に店の奥から主人の声。この瞬間がたまりません。一カメラ商人の人生を感じます。一礼。

　X氏、東京に帰ると、早速、この収穫物の現在の相場を資料で調査。

中古市場でも元の価格の4倍ほどの値段で取引されています。予想通りです。パソコンを開いていつものようにリストに追加。ほ、これで152台目ね。背後に冷たく鋭い視線を感じますが、いつものことです。X氏、全〜然、気にしません。

山陽のとある町、こんなところにも隠れたカメラ屋さんが

トラペジウム 8-11号

　先日、新聞にどこかで見たような絵が2展ほど載っていました。まぎれもなく例のピカソの絵。絵のタイトルは「人形を抱くマヤ」と「ジャクリーヌ」です。現在、これらの絵はピカソの孫娘であるディアナさんという方が所有をしているようですが、なんと、この絵画2展が盗難にあったということです。

　「人形を抱くマヤ」はピカソの娘、つまりディアナさんのお母さんを描いたもので、「ジャクリーヌ」は彼の2人目の奥さんを題材にしたものだそうです。

　かつてのトラペでも書きましたが、いまだピカソを理解し得たとは言いがたい僕ではありましたので、この新聞に紹介されている2つの絵を見てよくこんな絵を盗む気になったなというのが実感であります。だって、ワケわかんないんですもん。典型的なピカソの絵といえばそうなんですが・・・。

　しかしですね、被害総額を聞いてぶっとびです(オット、不適切な言葉)。総額約5000万ユーロ。パソコンでいろいろな国の通貨を瞬時に日本円に換算するサイトにつなげて、早速、日本円に換算すると、なんと、約80億円！

　記事によればこの2展は普段は彼女のアパートの壁に飾られており、当然のごとく盗難防止装置が取り付けられていたとのこと。しかし、その目をかいくぐるかのごとく「人形を抱くマヤ」は額ごと、「ジャクリーヌ」は額の内側を切り抜いて持ち去られていて、この盗難防止装置が全く働かなかったそうです。もし、この事件が事実であれば犯人は、極めて用意周到に実行に及んだことになります。プロです。

　で、もう一度、新聞の載っているその絵を改めて見直してみると・・・。

やっぱり犯人の気持ちが理解できないのですね。これらの絵をわざわざ危険を冒してまで盗むか？およそ素人には理解の及ばない世界の出来事ではあります。盗難にあった絵ですから転売など不可能だと思いますので、犯人は自分の部屋の壁に飾り毎日満足げに眺めるのでしょうか。それとも闇から闇に取り引きがされていくのでしょうか。いずれにしても「わしゃ、しらん」です。
　聞けば、セザンヌのある絵は、もし、オークションにかけるとなると落札価格が30億円からスタートするとのこと。信じられない金額です。でも、オークションが実現すればきっとこれは落札間違いなしでしょう。そういう我々の及びもつかない世界があるんですね。価値観の相違。
　なんて言っておきながら、例のX氏はカメラのオークションによく顔を突っ込みます。ま、スケールは小さいけれど似たような世界かな。外国のオークションだと本当に珍しいのがあるんですよね。

トラペジウム 8-12号

「いいからさ、だまされたと思って聞いてみなって」と友達が半ば強引に置いていった数枚のLP盤（レコードですね）を眺めながら、ま、いっか。僕は友達の迫力に押されてしぶしぶその何枚かのLP盤を聞く羽目になったのです。

ところがです。確かに最初はうるさい曲ばかりという感じではありましたが、聞く曲ひとつひとつに何か特徴的な余韻が残り、もう一度聞いてみようかなという気になります。特にいわゆるサビの部分がよい訳でありまして・・・。

これはいい！と思い出したらもう止まりません。返してもらおうとやってきた友達に「もう少し貸してよ」です。中学2年生の時でした。たいした音楽観なんかなかった僕ではありましたが、彼らの曲を聴いて、もうこれまでの音楽への考えが一変したのです。数ヵ月後、僕はその友達に付き合ってもらいギターを買いに。どうしても彼らの真似がしたかったのです。もちろん彼らのアルバムは現在全て保有しております(自慢してます)。さらに、彼らが解散した後のそれぞれのソロアルバムもほとんど持っております。現在発売されているCDにはないものもあり、その友達が言うには極めて貴重なLPであるとのこと。

僕が最も衝撃的と思うアルバムは「サージャントペーパーズ　ロンリハーツ　クラブ　バンド」(題名は長い)です。彼らは数ヵ月に1回の頻度でアルバムを発表し、頻発にコンサートもこなしていました。でも、このアルバムのひとつ前に出した「レボルバー」以降、コンサートはもうやらない、演奏活動もしばらくしないとマスコミに告げ、空白の時間を作りました。そしておよそ(確か)1年半ほどの歳月が流れてからこのアルバムを発表したのです。今までと曲想ががらっと変わったことでびっ

くりしたのは勿論ですが、何よりもいわゆる"エレクトロニクスを駆使した音作り"という新しい分野への挑戦が新鮮でした。

この後に発表した俗に言われている２枚組みの「ホワイトアルバム」も好きです。この中にはありとあらゆる分野の音楽が詰め込まれています。ロック、フォーク、ブルース、バラード、アバンギャルドまでも幅広く奥の深い曲が展開されます。どれをとっても今やスタンダードになっていない曲はないくらいです。必ずどこかで聞いた曲で、"ああ、そうか、オリジナルは彼らか"と思う訳です。

このホワイトアルバムの最後に「グッドナイト：good　night.」いう曲があります。３０数曲の最後を飾るにふさわしいとても美しいメロディで、曲の終わりに"good　night. good night. every body. every where."とメンバーの一人が囁きます（リンゴです）。僕はこのアルバムではこの曲が一番好きですが、だからと言ってこの曲だけを聞く気にはなれません。この曲を聴くために最初から延々と聞いてきて最後にこれです。これはもはや病気であります。

でも、この病気が幸いして？今、音楽をギターで教えられている訳です。ひょっとすると、彼らのおかげかも。 新採の時の例の線のお話をしていただいた校長先生に「1年生をもってください」と言われた時に、「ピアノ弾けません」と言って抵抗したのですが、「何か楽器、出来ないの？」と言う質問にカチンと来て「ギターは弾けます」と言ったら間髪入れず「それでいい」と言われたことを今でも思い出します。

最初は珍しがっていた２組の子どもたちも「今日はギター弾かないの？」なんて聞いてきます。最近うまく調弦が出来なくて。古くなったせいかな。気候のせいもあるかと思いますが、そろそろ、新しいギターに代えようかなぁ。内緒で新しいギター買っちゃおうかな・・・。欲しいギターがあるんです。

常軌を逸脱した世界

　誕生日に叔父から貰った宇宙の図鑑は、鉄人２８号同様、とっくにどこかにいってしまいましたが、学校の図書室には似たような図鑑がたくさんあります。3年生だからまだかなと思っていると、かつての僕のように一心にその図鑑に見入っている子もちらほらと。

　じつは天体写真とカメラのコレクションは微妙に連動しています。機械式、つまり電池を使わなくても作動し、しかもB（バルブ）の機能をもったカメラは最近ではほとんど見当たりません。誰でも手軽に写真が撮れるようにとそのほとんどのカメラがプログラムオートです。電気式の露出計に任せて適正露出を算出させ、ただボタンを押しさえすれば誰にでもきれいな写真が撮れるという訳です。もちろんバルブのシャッターを電気で作動させる機構がついたカメラも見かけますが、所詮電池を使いますから、星の写真のように長い時間バルブにしておくとすぐに電池があがってしまって使い物にならなくなってしまいます。これは山の上などの寒いところへ行くと顕著でして、この種の電子式のカメラ、物の数分で使い物にならなくなってしまいます。で、結論として必然的に古い機械式のカメラに目を向けることになる訳です。でも、白状しますと、今のデジタルカメラ、いいですね。自由に感度を上げることが出来て、1〜2分もあればフイルムカメラで撮ったものと遜色ないものが写ります。電池もそんなに使いません。それにすぐにレビューを見て写りの出来を確認することが出来ます。

　ま、古いカメラのよさを知るとそれはそれとしてまったく独立した別の世界になります。今の電気製品のようなカメラではなく一つ一つ手作り同様にして丁寧に作ったカメラを眺めていると、これは立派な文化遺産だ！。大事に後世まで残さなくては！と思わずにはいられなり、集めたくなるのです。って、我田引水。

　ビートルズはここで敢えて紙面を割く必要もありません。いくら文章に

したところで言葉に言い尽くせるものではありません。友達っていいなと思うのはこういうときです。彼がアルバムを置いていかなかったらあの衝撃は経験できなかった訳ですから、今でも感謝です。あれから40年以上たった今でも世界の人々から愛されているビートルズ。あれ、この曲どこかで聞いたことがあるなって、調べてみるとたいていビートルズの歌なんですよ。つまり、いかに彼らの曲がスタンダード化されているかということです。これも20年ほど前になりますか、ジョージ・ハリスンが「最初で最後」という約束でエリック・クラプトンとともに来日し、公演をしましたが、もちろん東京ドームに見に行きました。エリック・クラプトンとジョージ・ハリスンといえば実に奇妙な関係ですが(これは話せば長い話になるので、いずれ)。数年前に他界したジョージ、今思えば本当に見ておいてよかったなと思います。あの時の「ギブミー・ラブ」は今でも耳に残っています。ジョンも見たかったな。

九、〈とりあえず〉別れ
　　　──トラペジウム──

トラペジウム 9-1号

　これはオリオン座の中心部の写真です。僕が何年か前に撮った写真です(ちょっと自慢)。

　ちょうど中央付近に「M42」といわれるオリオン大星雲が写っています。そのそばにかすかに見えるのが『トラペジウム』です(ちょっと見えずらいかな)。

　トラペジウムとは・・・

トラペジウム 9-2号

　トラペジウムとは，オリオン座の"三つ星"の下に位置する「M42オリオン大星雲」の中にある4重星の総称です。このトラペジウムを望遠鏡で見ると、台形に並んだ青白い4重星が見えます。もっと大きな望遠鏡で見ると何と6重星である事がわかるそうです。僕の持っている小型の望遠鏡でも見ることが出来ます。

　前号で写っていたオリオン星雲はこのトラペジウムによって照らし出され、雲のように輝いて見えていたのです。このオリオン大星雲付近には"オリオン分子雲"と呼ばれる濃い分子の雲が分布していて、この付近からは次々と新しい星が誕生しているそうです。オリオン座の星々の多くはこのオリオン星雲の中から誕生したもので、トラペジウムもそのような星のひとつなのです。このトラペジウムの4つの星(5'以内あります)の中には17等級以上の星が300個以上もあることが確認されています。つまり、トラペジウムは生まれたばかりの星たちの仲間という訳です。

　一般に星は地球から見た時、青く輝く星ほど若く、その色が徐々に黄色っぽくなり、やがて赤く見え始めるようになると老いた星になると解釈されています。ですから、まさにアステリズムのように青白く輝くトラペジウムは生まれたての希望に満ちた星なのです。その距離およそ1700光年。

　子どもたちはトラペジウムです。生まれたてのキラキラと輝く、未来にたくさんの可能性を秘めた美しい星たちです。星の一生も様々ですが、子どもたちもこれから様々な一生を送るのことでしょう。楽しいことばかりではありません。辛いこともあるかもしれません。でも、今みたいに何にでも好奇心の目を光らせながら大きな声で明るく笑い、気持ちよく歌い、悔しさに涙する素直な気持ちをいつまでもいつまでも忘れないでいてほしいと思います。僕はそんな眩しく光り輝く星たちが大好きでした。

大人になると、辛いことや悩み事もたくさんあります(もちろん僕も)、でも、チョコチョコっと寄ってきて「先生ね・・・」なんて屈託なく取り留めのない話をしてくれる子どもたちの顔を見ているとそんな気持ちはいっぺんに吹き飛んでしまいます。僕にとっては本当に子どもたちに助けられた１年間でした。力が及ばないところも多々あったように思いますが、何年か経って「ああ、そう言えばあんな先生がいたっけね」なんて子どもと思い出していただければ嬉しく思います。どうぞお元気で。

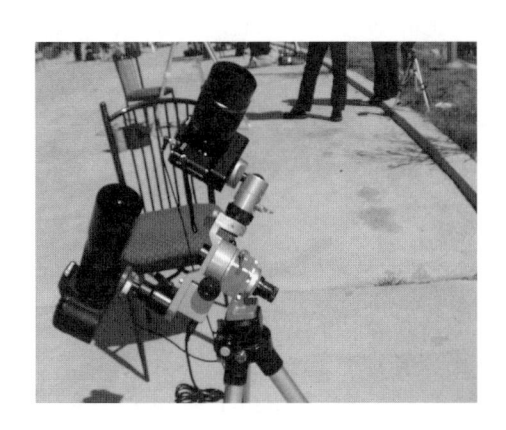

あとがき

　その先生が大学を卒業して小学校の教員として現場に身をおくようになったのは昭和50年の4月からでした。身の程知らずで典型的な"タイイクカイケイ"出身のこの無鉄砲な若いだけがとりえの先生、ただがむしゃらに突っ走るだけでした。

　「必要なことよ」と同僚のベテランの先生に学級通信を書くように勧められても「いいんです。僕のやっていることを見ていてくれれば、保護者の方はきっと僕のことを理解してくれると思いますから」と生意気なことを言っていました。それでも、その先生、さすがに最初の一年目はポツリ、ポツリといわゆる学級通信まがいのものを何号か書いていました。でも、一年が終わり綴じられたそれらを見て愕然とします。この先生の大きな欠点である「字が極めて汚い」がはっきりと浮き彫りにされてしまっているではありませんか。でも、そんなことはさておき、致命的ともいえるのが誤字脱字です。あちらこちらに散在しております。文章も改めて読んでみるとなんか変です。文章というものは印刷してはじめてわかる間違いが結構多いものです。こんなものが後々まで残ってしまうのはいやだな、というのが当時の正直な感想でした。以来、この先生、逆に「学級通信を書かない先生」として保護者の間では有名になってしまいました。

　でも、その先生、最近になって、久しぶりに1年生を担任した時のことです。高学年を担任することが多かったその先生でしたが、その彼らの様子を見ていわゆる一種のカルチャーショックを味わいます。じつに子どもたちが多様化しているではありませんか。つまりある意味いろいろな子どもたちがいるということです。まさに現代っ子の顕著な特性を目の当たりにしたのです1年生の担任経験は何回かあったその先生ですが、今までとはずいぶん様子が違います。

行動や言動、生活習慣まで非常に多岐にわたっています。これは単に個性的という言葉では片付けられない何かを感じとります。そしてこのことはじつは保護者の方々に対しても言えることであり、それぞれが独自の価値観をもってわが子を育てているということです。それがいけないことだとは決して言っているわけではありません。逆に言えば保護者の目から見れば、最近はいろいろな先生がいるもんだ、とくるわけですから両者の距離は気がついてみるとある一定の距離が生まれていることに気がつきます。でも、そういう状況下の中で互いに子どもたちを育てていかなければならないとしたらこれは並大抵のことではありません。

　そこでその先生、思いついたのが学級通信の復活です。この学級通信の最大の狙いは「今、みなさんのお子さん(あ、言ってしまいましたね)を担任している先生はこんな先生ですよ。今、僕はこんなことを考えてこんなことを子どもたちに期待していますよ。ですから保護者の方々ももし僕の考え方がご理解していただけるのならば可能な限りご協力くださいね。そして、僕の言っていることが理解できなければどんどんご意見、お考えをお出しください」です。

　かくして、その先生、一大決心をしてとにかく毎日学級通信を書こうと決めたのでした。書く内容のジャンルはさまざまです。思いついたことを片っ端から書きなぐっていきます。

　じつはこの先生、訳があって平成19年度の3月をもって、長きにわたった小学校の教員の職を辞し、新しい職に身をおくことになりました。先生、だいぶああでもない、こうでもないと悩んだようですが、少しでもこれまで自分の経験してきたことが役に立つのならば角度を代えて、あるいは視点を代えて新しい職場に身をおき、「人を教える」ことの意味を考えるのもいいのかもしれないと思ったの

です。

　混沌として不透明な教育の世界。先にも述べましたように行政や現場において今、様々な疑問や問題点が表出しています。不確かに揺らぐこの教育現場を危惧する関係者はたくさんいます。もしかすると、何かが根本的に変わろうとする重要な過渡期なのかもしれません。それがよいことなのか、悪いことなのかは僕自身にもわかりません。でも、そんな過渡期であっても、子どもたちがその時代の渦の中に巻き込まれて犠牲になってしまったらそれこそ本末転倒です。

　トラペジウムのように限りない希望と可能性をもつ子どもたちの将来のために、今、子どもたちにしてあげられること、それは何か。教師や親や周りの人達が互いの立場を理解しつつ、時にはそれを超越して「子育て」を真正面から対峙して考える時が今来ているのだと考えます。

　ここに綴ってきた「学級通信　トラペジウム」が少しでもそのことのヒントになればと思っています。

2008年7月　著者

トラペジウム

2009年4月15日　初　版　発行

編　著　古俣龍一　東京福祉大学教育学部　教授
発行者　小森勇人
発行所　圭 文 社
　　　　〒112-0011　東京都文京区千石2-4-5
　　　　TEL 03-5319-1229　FAX 03-3946-7794
イラスト　H・スナフ
印刷・製本　㈱恒亜印刷

ISBN978-4-87446-068-9 C0037